ビューティー・サロンの社会学

ジェンダー・文化・快楽

ポーラ・ブラック　鈴木眞理子 訳

新曜社

パメラ・ブラックに、そして
ルディ・ブラックを偲んで

THE BEAUTY INDUSTRY
Gender, Culture, Pleasure
by Paula Black

Japanese translation published by arrangement with Taylor & Francis Books Ltd through The English Agency (Japan) Ltd.

目次

装丁——虎尾　隆

謝　辞

調査から執筆まで、本が世に出るにはじつに長い時間がかかります。ですから、ほんの少しでもかかわってくださった方々全員のお名前を上げて感謝したくなるのですが、オスカー賞受賞者のスピーチのようにならないようにしようとすると、名前を落としてしまう方々が出るのはいかんともしがたく、ひたすらこの場を借りてお許しを願うしかありません。まず、ラウトレッジ社の編集者で、価値ある助言を提供してくださったマリ・シャロウとガーハード・ブームガーテンの二人に感謝します。ダービー大学とマンチェスター大学の社会学部の同僚たちは、学術面で刺激的な意見を述べてくれました。着任間もないサセックス大学の関係者からも手厚い支援があり、スーダンのアファード女子大学女性・ジェンダー・発達問題研究所のスタッフや学生たちも貴重な意見を寄せてくれました。

ジョアン・ホロウズ、メアリ・ホームズ、ウルスラ・シャルマ、ガリ・ヘーゼルダインは、原稿を精読し建設的な批判をしてくれました。心から感謝します。また、アン・エーカロイドの指摘は、論考を深める上で非常に役立つ価値あるものでした。

本書のための長期にわたったフィールドワークでインタビューの一部を受け持ち、さまざまな意見を出してくれたウルスラ・シャルマとメアリ・マッデンの二人には、深く感謝します。メアリとウルスラは、調査を手伝ってくれただけでなく、私が二人のデータを私のやり方で解釈することを許可してくれました。この調査は一部、マンチェスター大学社会学・法律学部の助成金で実施したものです。

執筆段階では、次のような方々がさまざまに励まし、力づけてくれました。ガリ・ヘーゼルダイン、フランシス・ローン、ラッチェル・グレリエ、ウルスラ・シャルマ、ガレス・トゥーズ、ウォルフガング・ウェーバー、サイモン・スペック、ホリー・ヒューバー、リチャード・スコット、ニコラ・コクソン、デイヴィッド・ダヴィッドソン、シェリー・クロス、ポール・ケレマン、エマーソン・ダニエル、イェ・チャールズ、ブリジッド・バーン。

最後になりましたが、調査に参加してくれたビューティー・セラピストとサロン利用者の方々に、とわに感謝を捧げます。貴重な時間を費やして私のインタビューに応じてくれたこれらの方々に、報酬はほとんどありません。その行為は、詮索好きな社会学者に対して人々が依然としてきわめて寛容であることの証なのです。それからまた、ノーザン・カレッジのビューティー・セラピー学部のスタッフの方々、二箇所の調査地点でインタビューに応じてくださったビューティー・セラピストたち、そして本書で引用させていただいたサロン利用者の方々全員に、この場を借りてお礼を申し上げます。

第4章の一部は、ウルスラ・シャルマとの共同研究として『ソシオロジー』誌（第35巻4号、913-931, 2001）に掲載されたものです。

第1章 「ふつうの人たちがいらっしゃるんです」
ビューティー・サロンはどんなところ？

イギリスの小さな町にあるイベットのビューティー・サロン。お客の大半は可処分所得がそれほど多くない白人女性である。女性にとってビューティー・サロンでのひとときは、暮らしの中で不可欠な楽しみだ。経営者のイベットは、そう断言する。

どういうことかというと、「あら、そんなお金の余裕はないわ」という女性はまだまだいるんですよ。そんな方には、「彼（ご主人）はフットボールのシーズン券を買ったんじゃない？」って逆に聞いてみるの。それで、「そうね、買ったわよ」という答えなら、「だったら、同じぐらいのお金をお顔の手入れに使ってもいいんじゃない？」と言ってみるわ。別の見方を教えてあげるのよ。男って、ちょっと時代遅れでしょ、だから「顔にそんなに金をかけるなんて、おまえ、いったい何を考えてるんだ」なんて言うみたい。
（イベット BT）

この話に出てくる客との会話は、クリスマスが差し迫った頃、イベットの店で私も実際に耳にした。私はその時、もうすぐクリスマス・ホリデーだからとビューティー・サロンで手入れをしてもらいにやってきた女性客に、シェリー酒のグラスとミンスパイを配って回っていた。少しお酒の入った女性たちのおしゃべりは、男性との関係、男たちは女性が身体《ボディ》の手入れにかける時間と金をどう見ているかという話題に移った。サロンで手入れしてもらうとどんなにいいかということや、女性らしい外見を保つための努力といったことを男たちは全然わからないという思いは、誰もが抱いていた。イベットも、クリスマス前に、妻や恋人へのプレゼントにするクーポン券を買いにビューティー・サロンにくる男たちがどのくらいいるかという話を披露した。彼女が言うには、男性、特に年配の男たちにとって、ビューティー・サロンに足を踏み入れるのは非常にばつが悪いらしく、しばしば下手なジョークに紛らそうとする。クーポン券を「塗りたくって固めるためのキップ」と呼ぶ男性もいる。こうした誤解や、一部の女性はビューティー・サロンに時間と金を使うことに罪の意識を感じていることが、前掲のイベットのコメントの裏にあるのだ。今回の調査研究ではイベットや彼女の店の従業員と長い時間をともにしたが、ビューティー・サロンは価値あるものだというイベットの信念が揺らいだことは一度もなかった。しかも、この姿勢は凝り固まったものではなく、一部のトリートメントの大げさなうたい文句に対しては疑いの目で見る健全さも、彼女は持っていた。

過去数年、世界各地を訪れるたび、私は必ずビューティー・サロンをのぞき、美容術《ビューティー・トリートメント》を受け、そして多種多様な術《トリートメント》の値段が延々と記された価格リストを集めた。じつのところ、私はビューティー・セラピー［美容に関する多様なケアを施すこと］の研究に取り組むまで、ビューティー・サロンに足を踏み入れたことがなく、町を歩いていてもほとんど目に入らなかった。そんな私がビューティー・セラピー研究を始めたのは、別の研究プロジェクトに関わっていた間のふとしたきっかけからだ。それまでも化粧品はふつうに使っていたし、鏡とじっくり向き合うほうだったが、私の中のフェミニズム精神は美容産業をもっぱら強い疑念の目で捉えていた。たぶん１９８０年代初めのフェミニズムの風潮の中で成長した名残だろうが、美容術を受けたりすることは女性性への過剰投資であり、自己の信条に対する裏切りだと感じていた。このスタンスは今も基本的には変わらないし、本書でも、女性のビューティー・サロン利用をフェミニストの立場から理解することに多くのページを割いている。しかしながら、今回の調査では、ビューティー・サロンの閉じられたドアの向こう側で実際にどんなことが進行しているかについても多くのことを学んだ。イベットが話してくれたように、「ここに来ているのは、ふつうの人たち」なのだ。そうした「ふつうの人たち」が求めているのは、現実から離れた楽しいひとときである。「自分なりにベストでありたい」と思い、女同士いかにも女性っぽい雰囲気を楽しむのだ。彼女たちは美にも無関心ではないが、サロンの中で提供されるサービスや交わされる会話は千差万別で複雑だ。それゆえ、本書は**美そのもの**についての研究書ではなく、ビューティー・サロンという特定の文脈をつうじて「美容産業《ビューティー・インダストリー》」をどのように定義できるかについての調査書である。どちらにも美《ビューティー》という語が含まれているが、私が注目したのは、ビューティー・サロンの中での客とセラピストが何に関心を抱いているかであった。彼らの経験は「美《ビューティー》」という一般的な表現には還元できないものなのだ。

ビューティー・サロン

ビューティー・サロンについての考察に入る前に、まず、論考の対象となるビューティー・サロンとはどのような社会的空間かを明らかにすべきだろう。ビューティー・サロンには独特の雰囲気がある。スタッフのユニフォームや内装やレイアウトには、経営者の志向性が表れる。たとえば、白衣のスタッフがフォーマルな雰囲気を漂わせ、医療機関《クリニック》のイメージを強く押し出したサロンがある。白衣は、清潔さと病院らしさを醸し出す。ある種の美容術の持つ医療的色彩が強調され、スタッフは職業専門家《プロフェッショナル》としての印象が強くなる。かたや、お客の受けが良い、華やかな色合いのインテリアで統一し、スタッフの衣装も色とりどりのサロンもある。スタッフの着衣が白衣から色物に替わると、サロンの雰囲気、そして客に対して発信するメッセージが微妙に変化する。パステルカラーは、女性らしさや親しみやすさと同一視されている。もちろん、この二つの間には関連がある。一方、今風の大胆な色調には、現代的なサロンやジェンダーの中立性、つまり一部の女性客だけでなく男性客にもとっつきやすいイメージがある。壁には、スタッフの免許状や同業者団体の会員証が掲げてある。ふつう、待合室として使用されるスペースがあり、そこには座り心地のよい椅子を並べ、雑誌を置いている。置かれる雑誌はサロンの客層によって違いがあるが、よい例が『マリクレール』や『コスモポリタン』といった主要女性誌で、『Ｈｅｌｌｏ』や『ＯＫ』などの芸能誌もよく見かける。エントランスエリアの、トリートメントが終わった客が出てくるドアの近くにはレジがある。その他、スタッフルーム、化粧室、美容術が施される仕切りのある区画や個室があり、メニューにネイルケアが入っているサロンには、マニキュア用の共用スペースが設けてある（面白いことに、英国ではペディキュアは個室で行われる）。業務についてはサロン独自の手順が決まっており、スタッフは暗黙の道順通りに、客を迎え入れ、トリートメント・ルームに案内し、茶菓をすすめ、そして最後にレジまで導く。ビューティー・サロンは、トリートメントに使う器具や薬品の匂いに、クリームやローションの香気、コーヒーや紅茶の香り、ときには爪用製品の刺激臭が混じった独特の匂いが満ちている。そして、このような環境の中で、身体の手入れという親密さを伴う作業が行われるのだ。

以上の説明は、イギリスの典型的なビューティー・サロンについてだが、ビューティー・サロンには郷土色が濃く表れ、その国の伝統や美容慣習に適合したものとなっている。たとえば、アメリカやカリブ海諸国ではトリートメントは共同スペースで施され、肌をあらわにする必要があるときだけ仕切りのあるプライベート区画に移動する。私はジャマイカのキングストンのサロンで三時間以上を過ごしたことがある。つけ爪をつけてもらったのだが、ずっとこの小さな地元のサロンの共同スペースにいて、一緒になった常連客とおしゃべりした。物売りが入ってきてセールスしたり、サロンの客が注文した冷たい飲み物を届けにきた。私と旅行に付き添ってきた親類とのおしゃべりは全く中断されることがなかった。私がサロンにいた間中、客の女性のグループは顔ぶれが変わっても、店の中の会話が途切れることはついぞなかった。また、客は誰も見ていないのにハリウッド映画のビデオが流れっぱなしで、私がいた間も、冒頭シーンが三回繰り返されたのだった。

スーダンの伝統的なビューティー・サロンでは、共同スペースに椅子がしつらえられ、女性たちはそこでおしゃべりしながらトリートメントを受ける。既婚女性が両手・両足にヘンナ染料で凝った美しい化粧を施してもらうのもここだ。独身女性の場合は、ヘンナ染料による化粧ができるのは片手か片足だけだ。サロンには、また、独特のスモーク・サウナ室がある。このサウナ室は共同スペースとは別室になっており、女性は個々に共同スペースを出てサウナ室に入り、布の覆いをまとってサウナ・トリートメントを受ける。スモークの陶然となる麝香《じゃこう》の香りは、サロン全体に広がり、店内にいる全員の衣服や頭髪に染み込む。スモーク・サウナという一種の儀式でこの香りを直接身体に染み込ませることは、伴侶とのセックスの準備を意味している。つまり、他の女性客のいるなかで伴侶とのセックスの準備が行われるのだ。スーダンに現代風のビューティー・サロンが登場するようになって、このようなローカルな美容慣習は、今風の国際化されたデザインのなかに取り込まれつつある。すなわち、たとえば整髪と美容術はアメリカのサロンと同じような広い共同スペースで行われるが、それとは別に、ヘンナ化粧をしてもらう既婚女性のための小さな部屋が設けてあるのだ。このように、国際的な美容産業は、国々のレベルで変更が施され、その国特有の文化慣習のなかに組み入れられている。そして、回り回って、サロンという閉ざされた空間の中ではぐくまれる関係性に影響を及ぼすのだ。

ビューティー・セラピーは、一つの巨大な多国籍産業の一角をなしている。この巨大産業は、化粧品およびスキンケア製品、スパやジムやホテル、さらにリゾート施設やサロンで提供されるビューティー・トリートメント、消費を支える広告業、美容整形《コスメチック・サージェリー》、ヘアケア、ダイエット産業などから構成されている。イギリスの場合、専門職業としての美容産業の市場規模は1998年の時点で3億6600万ポンド［およそ850億円］、対前年比で6％近い成長市場となっている（Guild News, 1999）。この数字には、従来のビューティー・サロンだけでなく、訪問サービス、理容・美容院やヘルスクラブで提供されるビューティー・セラピーも含まれている。2002年、イギリスにおけるビューティー・サロン利用者数は640万人近く、対前年比で17％の伸びとなった（Guild News, 2002）。男性のサロン利用者数は、２０００年のイギリスでは7万人であった（Guild News, 2001）。主な客の年齢層は、２００２年のデータで見ると、18～30歳（22％）、30～45歳（４％）、45歳以上（36％）となっている。これは美容産業界の公的業界団体の発表している数字だが、18歳未満のデータがない点に、私は少々驚いている。というのも、セラピストから低年齢層の客のことを聞いていたからだ。イギリスの２００２年のビジネスタイプ別内訳は、大通りのサロンが41％、自宅兼用店舗のサロンが27％、理・美容院が10％、ヘルスクラブが7％、出張サービス10％、ネイルケア／その他が５％となっている。２００１年から２００２年にかけても、数年来の傾向が続き、美容産業部門の事業者数は22％増となっている（Guild News, 2002）。この伸びは、一つには、提供されるサービスのレパートリーが広がったことが理由である。今日、ビューティー・サロンのサービス・メニューは、一般的なマニキュアやフェイシャルケア（美顔術）、脱毛・除毛だけではなく、アロマテラピー、マッサージ、リフレクソロジー、レイキ（霊気）など多彩である。脱毛とマニキュアが中心的サービスであることは変わらないが、美容産業の提供するサービスの種類が急拡大していることは、利用客において自分の身体《ボディ》と外見《ルックス》に対する満足度が低下していることの表れだ（Synnott, 1993）。

ビューティー・サロンは重要か？

美はなぜ重要なのか。美は、清教徒的功利主義とは相容れない。右派左派を問わず一つの使命《ミッション》にこじつけようと何でも政治的問題に還元してしまうのを退ける。夢想や空想の領分を活性化させることでドグマを覆す。私たちは、美を通じて、「ちょっとした」楽しみを味わうことは人間の重要な要素であることに気づく。そして、精神と肉体があっけなく分離してしまったようなとき、両者を一つに結びあわせてくれる。

(Brand, 2000, p. xv)

何世紀もの間、美は論議と憶測のテーマだった。芸術論から哲学まで、幅広い分野で中心的問題となってきた。パフォーマンス・アーチストのオーランの作品にうかがえるように、美に関する活動が政治と芸術と哲学をつなぎ合わせることもある。オーランは、自分の顔に一連の美容整形を施し、毎回その手術の様子をフィルムに収めてコメントをつけている（Brand, 2000）。オーランが意図したのは、さまざまな芸術作品の重要な特徴を、自分自身の顔に取り込むことである。美は、単なる外見だけでなく、日常的に道徳や親切心などの美点と結びつけられもする。しかし、私が本書で取り上げたいのは、そういう意味の美ではない。

今回、私は、大手多国籍サロンの都心支店から、白人労働者階級の女性が主な客層となっている小さな町の地元サロン、そして大都市の中流階級の居住地区にあるサロンまで、多種多様なサロンを調査対象とし、インタビュー相手を選んだ。また、できるだけ世界各地のサロンに実際に足を運んだ。これらのサロン全体に共通するのは、それぞれのサロンが客の日常生活の一部となっていることだ。これらは、控えめでプロフェッショナルなサービスを提供するサロンであり、テレビスターや大金持ちを客とするロサンゼルスのサロンではない。「ブラジル風」ビキニを着るためのビキニラインのワックス脱毛は――ニーズがなくもないが――メインサービスではない。本書の執筆時、イギリスでは、『ザ・サロン』というテレビ番組が4チャンネルで放映されていた。これは、ヘア・サロンやビューティー・サロンの実際の様子をそのままオンエアしたもので、もう一つの「リアリティ」ドキュメンタリーである。スタッフ同士の対立や仲間意識が強調されている以外、番組の大半は私が足を運んだサロンと大差ない。テレビでは、従業員や客は、非常にファッショナブルで個性的なゴシップ好きの若い人々として描かれている。しかし、私は本書で、「サロンにやってくるのはふつうの人たち」だということを明らかにしたいと思っている。今回の調査に参加してくれたサロン利用客たちは、一般に、サロンでの手入れにはそれほどのお金を使っていない。美容関係全体としてみれば、つまり美容製品、整髪、サロン利用を全部あわせれば可処分所得のかなりのパーセントを占めるだろうが、だれもみな、自分の予算を注意深くやりくりしていた。インタビューした全員が、ビューティー・トリートメントのための費用は軽視できない問題だと答えた。それにもかかわらず、トリートメントが不可欠と思われるときは、かならず費用を工面するという。女性の生活におけるサロンの役割を理解するためには、女性の経験という文脈のなかでサロンを捉えることが重要なのだ。

女性の化粧には、自然さと人工的、本物と偽装、上品さと大胆さ、斬新性と伝統についてのその女性の意識が表れる。メークアップは、常に、自己《セルフ》と身体《ボディ》、私的な部分と社会的な部分、についての認知と結びついており、女性の毎日の暮らしに根ざした意思表示でありつづける。(Peiss, 1998, p. 270)

化粧すること、そしてもっと広く、ビューティー・サロン通いを含めたビューティー・トリートメントについて、この指摘は的を射ている。ビューティー・サロンの中には、一つの世界が存在する。その世界は、閉鎖的で私的ではあるが、同時にサロンを取り巻く広い世界の影響力に対して開かれている。エスノグラフィーや社会学の研究者は、ずっと前から、このサロンの中の閉じた社会に注目していた。しかしながらロフランドは、1976年、女性化された空間は特に社会理論形成の過程において見過ごされてきたと、次のように断言している。

私の知る限り、多数の女性が密接で重要な関係を築くことが疑いを入れない状況設定、たとえばビューティー・サロンについて公表された論文は、一件もない。

（Lofland, 1976, p. 154）

実際、以前のエスノグラファーの関心は、男性に開かれた社会的空間や親密世界に向いており、ビューティー・サロンやヘア・サロンやコインランドリーといった空間は、あまり注目されなかった。たとえば、ジュリー・ウィレットは指摘する。

私の祖母やその友人・親戚にとって、教会や玄関先やビューティー・サロンは広い女性文化の一部であり、貴重な情報源であった。歴史家が、酒場など男ばかりの場において見いだそうとした社会ネットワークと同じタイプのものであった。

（Willett, 2000, p. 2）

女性中心の空間が見過されてきたことには、いくつかの理由がある。第一は、いわずもがなだが、こういう調査について記している社会学の教科書に出てくる研究者たち、あるいはウィレットが言及した歴史家たちは、男性だったという点だ。研究者は常に、自分が最もアクセスしやすく、調査で自分が最も「動き」やすい状況を選ぶのである。第二の理由は、社会とは概して男性の世界を指していたことだ。この視点から描き出されると、街角もビリヤード場も医科大学も、あたかもジェンダーに左右されない空間に見える。第三として、観察に根ざした実証研究と理論重視の研究の関係がぎくしゃくしていることがある。従来のイギリス学術界では、全般に理論的研究や資料に重きが置かれてきた。反面、実証的研究に携わるものが実証的根拠のない理論を冷笑することもあった。エスノグラフィー研究が大理論の役割に対して慎重な姿勢をとり、一方で理論家は、しばしば「単なる経験主義」を排斥してきた状況で、ジェンダーという要素が問題の悪化に輪をかけた。私は、定量的研究者、定性的研究者、および理論研究者の間の認識論と方法論を巡る論争の歴史に踏み込むつもりはない。ここでは一言、ジェンダーが重要な要素として取り上げられているのは、ほとんどが過去20年かそこらのフェミニストの論争においてだと言うにとどめておく。たとえば、ドロシー・スミスの論文（Smith, 1937）は、この分野に本格的に切り込んだものであり、女性の「日常的世界」に基礎をおいた社会理論構築の可能性を述べたものと言える。

　男性性の側からの表現という問題は、「人種」の問題と切り離せない。男性研究者は男性の世界を生き生きと鮮やかに記述し、白人研究者は特定の人種の社会についての見解を提示してきた。１９７６年にロフランドは、ジェンダーは実証的研究における重要な前景要素ではなかったと書いたが、人種はジェンダー以上に軽視されてきた。ウィレットは、歴史研究についての男性優位主義者の偏見について批判したとき、祖母たちの時代には、世界とはもっぱら白人の世界だったとも指摘した。実際、ウィレットの祖母が暮らしたアメリカ中西部の小さな町は、「カトリック教徒や『くろんぼ《ニガー》』は、この町で一晩たりとも過ごしたことはない」と誇りにするほどだった（Willett, 2000, p. 2）。しかしながら大変印象的なのは、近年の美の文化《ビューティー・カルチャー》研究の実に多くにおいては、この「人種」の問題が前景要素となっていることである。ウィレットは、この「白という色」についての感覚が、小都市のビューティー・サロンにおいては女性のアイデンティティの重要要素であることを明らかにしている。

　最近の研究ではこれらの欠落は是正されてきており、世界各国の多数の研究で、女性中心の空間が注目されている。「絶好の場所――カフェ、コーヒーショップ、コミュニティーセンター、ビューティー・サロン、百貨店、バー、たまり場、そしてそこで人はどのように過ごせるか」（Oldenburg and Hummon, 1991）という印象的なタイトルの報告書は、その一例だ。ビューティー・サロンやヘア・サロンと関係した研究も増えている。美容産業そのものの歴史と活動に目を向けたり（Peiss, 1998；Willett, 2000；Gimlin, 2002）、アフリカ系アメリカ人による美容業およびエステティックに注目した研究（Rooks, 1998；Craig, 2002）があるほか、特定の場所についてのエスノグラフィー研究（Gimlin, 1996；Furman, 1997；Thompson, 1998）も報告されている。少し外れるが、体毛の政治学に関する研究（Synnott, 1987；Basow, 1991；Zdatny, 1993；Tiggermann and Kenyon, 1998；Herzig, 1999；Lawson, 1999）、身体的魅力の作用についての心理学的研究（Webster and Driskell, 1983；Kyle and Mahler, 1996）、美人コンテスト研究（Cohen et al., 1995；Craig, 2002）、美容整形に関する論文（Davis, 1995；Haiken, 1997；Gilman, 1999；Negrin, 2002）、外見《ルックス》が将来的な昇進や昇給の可能性に及ぼす影響についての経済学的評価（Hamermesh and Biddle, 1994；Averett and Korenman, 1995）なども盛んになってきている。

ビューティー・サロンは、身体を対象とするさまざまなテクニックの交点に位置している（Mauss, 1973）。そして、これらのテクニックは、ジェンダー、肉体、性、階級、商品化、余暇の過ごし方、消費行動などと関連していることから、ビューティー・サロンは、より幅広い社会的関係の小宇宙として重要かつ有用である。今日では、世界各国での多彩な研究によって、ビューティー・サロンの調査分野としての重要性が証明されている。サロンは、それぞれ、その場所や文化に固有の特徴を持つと同時に、全体に共通する要素も備えている。第一に、利用客のジェンダーと人種という点から捉えると、サロンはかなり均質性の高い空間といえる。サロンの提供するサービスは、特定の民族、特定のジェンダーのお客を対象とする傾向がある。もちろん、サロンは圧倒的に女性中心の空間である。男性客がいたとしても、ほとんど目につかない少数派《マイノリティー》にすぎない。また、男性客をターゲットとする経営ポリシーを掲げているサロンでは男性の姿を見かけるが、この場合、サロンの雰囲気や内装、提供されるサービスはそのポリシーの影響を受けている。男性が重要な客層と見なされている店を除くと、サロンは、今も変わらず女性性の構築と維持のための空間であり、そのための活動が展開されている。同じような文脈で、サロンでは民族性も影響を受け強化される。特にイギリスの地元サロンの場合、中心的な客層（白人女性、アフリカ系カリブ人、アジア系など）が店によってはっきり分かれている。都心の大規模チェーン店になると、この区分はそれほど明確ではなくなるが、それでも全般的な傾向として認められる。そのほか、サロンはおおまかに階級によって区分される。サロンの提供するサービスの種類と値段は、利用客の社会経済的地位に応じて調整されている。このように、サロンはジェンダー、民族性、および階級による区分を強化された形で映し出す。サロンについての研究はすべて、この広い社会的文脈を踏まえたものである。

サロンで提供される身体の手入れの種類も、サロンの区分と関連している。サロンでは、ジェンダー、年齢、性的指向、階級、民族性の点から「相応」と見なされる外見——ときにはフィーリングも含めて——を得るために、身体にさまざまな手を加える。セラピストと客は、「相応」または「許容できる」という感覚、あるいは、その女性にとっては「健常《ノーマル》」ともいえる感覚を維持するために共同作業する。この作業は、慎重な意見交換を踏まえた複雑なプロセスで、これについては第3章で詳しく取り上げる。

次に、従業員と客の関係の管理は、すべてのサロンに共通する必要項目である。セラピストは、プロとしての自分の地位と専門知識を主張しようとし、客は、自分が払う代価に見合うサービスを期待する。両者の力関係は、プロとしての専門知識、商品化された関係、そして客とセラピストの個人的な親密さの度合いの組み合わせによって定まる。私の調査に協力してくれたセラピストは全員、自分の職務の一つは、客との関係においてカウンセリングを提供することだと語った。客の方は、特定のトリートメントを受けるためにサロンに行くのだが、それだけではない。サロンでは、セラピストとの間に見かけは友達同士に似た雰囲気が生じることが少なくなく、客はそこで話を聞いてもらい、日頃の鬱憤をはらすことも望んでいる。これは、実はセラピストの側の慎重な気遣いの成果である。客は、自分の方は同じような気遣いで対応する必要はないと受け止めており、セラピストは、こうしたカウンセリングはセラピストの重要な役割の一部と考えている。また、この関係は、教育レベル、所得、そして時には民族性の違いを超えて共通に認められる。

最後の共通項目は、サロンで提供されるサービスや、客とセラピストの関係は、程度の差はあれ商品化可能なことである。ビューティー・サロンは、結局のところビジネス・ベンチャーであり、専門職の倫理という規範はあるが、利潤追求がビジネスの推進力になっている。美容産業自体、消費慣習と交換プロセスの関係において理解できる。重要なのは、サロンの内部で形成される友達関係や親密さに焦点を絞りながらも、同時に、そこで行われる活動の根幹は経済にあるという点を忘れないことだ。この、身体の手入れの商品化は、本書全体を貫く主題の一つである。

ビューティー・サロンの調査

本書は、多元的な方法を用いた調査から得られたデータをもとにしている。主な情報源は、セラピストやビューティー・セラピー教師18名、およびビューティー・サロンの客23名のインタビューである。セラピストの一人は客としての自己経験もたくさん語ってくれたが、セラピストに分類した。どのインタビューでも、詳細な掘り下げたデータが得られた。サロンの客には、略歴やサロンの利用頻度についての簡単な質問票に記入してもらった。こうしたデータの他、私自身もサロンに通い、そこで繰り広げられる活動を観察し、ときには参加させてもらった。また、大学のビューティー・セラピー講座に顔を出して、学生と教員の両方から話を聞いた。業界団体の出している資料にあたり、主だった役員にインタビューもした。多種多様なサロンで各種のトリートメントを受けたことはいうまでもない。

インタビュー相手は、さまざまな方法で選定した。ビューティー・セラピー教師は全員が同じ大学の教職員だったが、彼らから他のセラピストを紹介してもらった。サロンには、手紙を送ったり直接足を運んでコンタクトをとった。サロンはすべて、イングランド北部の大都市と、イングランド中部にある小さな町からピックアップした。小さな町のほうでは、ひたすら足を使ってできるだけ多くの店に顔を出し、スタッフと客に調査への協力をお願いした。また、ピックアップするサロンの種類が偏らないよう注意した。大都市では、まず、地区の電話帳を頼りにその地区内のサロンすべてに手紙を送った。続いて電話で連絡を取り、調査に協力してくれるという答えが得られた店に出向いてインタビューした。加えて、大都市と小都市ともに、地元のスポーツセンターでフィットネスクラス受講者の女性にもアプローチした。この方法によって、多様性のある標本が得られた。ただし、このグループをサロン利用者（客）およびセラピスト全体の信頼性のある代表群と見なすことはできない。ビューティー・セラピストは、全員、異性愛者で、年齢は20代から50代初めまでであった。アフリカ系カリブ人一人の外は全員白人で、イギリス国籍であった。

客は、全員が異性愛者で、16人はインタビュー時点でつきあっている人がいると答えた。子どものある女性は9人だった。年齢層は21歳～75歳、30代が過半数を占めた。大半が勤めを持っていると答え、全員が自宅外で仕事に就いたことがあると答えた。インタビュー時点で、フルタイムの仕事を持っていた女性は17名、残りは、パートタイム、学生、失業中が1人、健康上の理由から仕事をしていないと答えた女性が1人、引退者が1人であった。経験のある職種は多岐にわたったが、標本が女性であることから予想されるとおり、サービス部門と専門的職業が圧倒的に多かった。公式の資格は何も持たないと答えた4人から、博士号を持つ1人まで、持っている資格もばらつきがあった。大卒は8人であった。ほぼ全員がイギリス国籍を持つ白人のほかは、アフリカ系カリブ人が1人、インド人が1人であった。

このようにばらつきの大きい標本を分析するため各種の方法を用いたが、圧倒的に重点を置いたのはインタビューである。インタビュー全部を書き起こし、数回、徹底的に読み込んだ。続いて、テーマや問題点を識別するため、コーディング処理〔内容に則してラベルを付けること〕を行った。コーディング処理だけである程度の解釈が可能になるが、私は、この段階ではできるだけデータから離れないように心がけた。この分析結果を提示するにあたっては、最も説得力があり妥当と思われる説明のみを取り上げている。情報の宝庫であるこの分析データを解釈するにあたっては、私は理論的な大枠として折衷主義をとり、階級やジェンダーや「人種」について有用と思われる理論を取り上げた。また、この折衷主義をとるにあたって認識論的矛盾に陥らないよう努めた。分析スタンスとしては、特に、女性の生活からの見方を知ることができるようにすること、しかし、このテーマについて深めるには経験が不可欠だと決めつけないようにすることを大事にした。

スタンドポイント・セオリー［抑圧される側の経験に立脚する理論的な立場］にとって経験と知識の関係はどのようなものだろうか。フェミニスト・スタンドポイント・セオリーの「土台」は女性の経験ではなく、女性の生活からの見解であるということは、以前にも強調した。……社会秩序の中心に位置する生活を理解するための出発点は、周縁部における生活という視点に立って考えることだ。

(Harding, 1991, p. 269)

ハーディングは、特権的データ［いかなる立場からも中立である（とされる）データ］としての経験と、特定の立場からの見解とを明白に区別する。女性の生活を社会秩序の周縁部にあるものと捉え、この位置を出発点とすると、特定の質問テーマを再考し始めることができる。しかしながら、鍵を握るのは、この見解の解釈である。自発的で「真正な」経験というのは詭弁である。同様に、本質的な真理への特権的アクセスもまた詭弁である。社会学者である私は、社会学の視点から耳を傾け、読み、解釈している。また、研究者の責任は、研究領域についての明快な説明であると主張することではなく、自分の分析であるということを勇敢に認めることだと考える。第2章以降の分析では、得られたデータについての私自身の解釈をはっきりと示し、厳格にデータのテクストからはみ出すことのないように努めた。

ビューティー・サロンでは何が行われるのか？

次に引用するシャーロットのインタビューは、ビューティー・セラピストが実際にどんな仕事をしているかを明白にしてくれる。

I（インタビューアー）　人々がサロンに来るのはなぜだと思いますか？

シャーロット（BT）　きれいになったと感じるためよ。今の自分の状態をもっとよくするため。だからといって、何も美容整形しなきゃっていうんじゃないのよ。たとえば、メスが入るのはいやだけど睫毛染めならって、そういう感じね。何をするかってことは、むしろ、どんなサービスがあるかってことだと思うわ。エステは贅沢――お客の多くはそう思ってる。でも、ものによって――たとえば脱毛なんかは必要というお客さんも多いわ。うちの店のお客さんにもいますよ、脱毛は必要と考えている人。それから、ちょっとしたおしゃべり、愚痴のはけ口も求めてると思うわ。

サロン利用者はそれぞれ、自分にとって重要な「何か一つ」を持っており、それがサロン通いの動機となっている。この中核となるトリートメントに加えて各種トリートメントを受けることもあるが、時間や懐具合が厳しくてサロン通いが制約されるようになると、それらの付随的なトリートメントはなしですませるだろう。女性が自分にとって重要なトリートメントを受けるためにサロンに通っている場合、サロン通いはその女性の人生に織り込まれた一つの要素となっており、簡単には切り捨てられない。サロンでは多種多様なトリートメントが提供されること、そしてそれらは女性自身の経験の中でさまざまな役割を担っていることにも注目する必要がある。ビューティー・セラピーがさまざまな個別要素から構成されるということは、つまり、きわめて多種のトリートメントが提供されているということ、そしてまた、女性のサロン通いの理由は千差万別であり、サロンにおいてどんな経験をするかも多種多様であるということだ。「癒された」気分になりたくてアロマテラピー・マッサージを受ける女性もいれば、女らしい身だしなみには脚のワックス脱毛が欠かせないという思いから30分のワックス脱毛に定期的に通う女性もいる。この両者のサロン通いの理由は、明らかに別物である。どんなトリートメントを組み合わせるかは、客個人によって違うし、年齢を重ねるにつれて変化することもある。セラピスト自身もトリートメントを受けたり、セラピスト同士でトリートメントをしあう。今回の調査では客とセラピストをはっきりと区別したが、このように、現実には重なり合う部分がある。トリートメントは、サロン利用者のインタビューにもとづいて、エステ、定期的な身だしなみ（グルーミング）、ヘルス・トリートメント、補整の四種類に分類した。このほか、セラピストの話からは、彼らが「カウンセリング」面を重視していることが浮かび上がってきた。

エステ

ビューティー・サロンのイメージとたぶん最も強く結びついているのがエステだ。エステは美のためには当然と見られている。そして、贅沢、耽溺、虚栄を連想させる。ビューティー・セラピストによると、エステを受けるためにサロン通いをする女性は、はっきりとしたいくつかのグループに分けられている。まず、自分では勤めを持っていないが高所得に恵まれている女性は「有閑マダム」と分類されている。このグループの女性は、自分の好みのサロンを持っていて、定期的に通っている。この種のサロンは、往々にして中産階級が住民の大多数を占める地区にある。また、それほど裕福でない客が多いサロンに比べると、サービスの値段は若干高めだ。

第二のグループは、家族があり、勤めを持ち、社会的な活動にも加わっている女性たちで、エステ・サービスを利用する頻度は有閑マダムを上回る。エステは、楽しみ、小休止、贅沢を味わう時間である。絶対に必要なものではないが、欲求の対象であり、逃避の機会でもある。エステのメニューは、ペディキュア、フェイシャル、マッサージから構成され、脱毛などの痛みを伴うトリートメントが含まれていることは少ない。もっとも、サロン通いの目的が、必要なトリートメントを受けるためというより、自分のための時間という贅沢を味わうためである以上、これは当然だろう。エステのためにサロンに通う女性にとっては雰囲気が重要である。サロンは、温かく迎えてくれ、親しみやすく、心地よく、そして何よりも清潔でなければならない。ちやほやされて居心地が良く、料金は高すぎないと客が感じる必要があるのだ。エステを受けにサロンに行くという行動が実行されるには、デリケートなバランスが成立していることが必須の前提条件だ。まず、自分のための時間が必要で、自分にはその資格があり、そのためにお金を使うだけの価値があると、女性が感じていなければならない。これらの条件が整った上で、さらに、サロンやセラピストが自分のニーズに合っていて、かつ、サロンに行く時間が確保できることが必要だ。このエステ・トリートメントの役割については、第3章で、時間の政治経済学を巡る考察と絡めて詳しく取り上げる。

定期的な身だしなみ

定期的なビューティー・サロン利用の一つに、身だしなみを整えること（グルーミング）がある。このためのビューティー・トリートメントは、必要なもの、または少なくとも日課としての身体の手入れの一部と見なされている。サロン通いの目的は、望ましい妥当なレベルの身体と外見を維持するために、特定のトリートメントを受けることだ。定期的な身だしなみと手入れは、本質的に、楽しみや日常逃避というよりも、最低限の外見を維持するための務めという色合いが濃い。サロン通いをする男性が増えている理由の一つがここにある。男性の身だしなみメニューには、マニキュア、フェイシャル、背中や胸や肩などのむだ毛処理が含まれる。この種のトリートメントは「自分の面倒を見ること」つまり男性の身だしなみという観点から説明できるもので、グルーミング以外の、いわゆる「ビューティー」トリートメントに本質的な、女性らしさと結びつくイメージは伴わない。このように日常的なトリートメントは機能面が強いが、それにもかかわらず、客は、サロンで過ごす時間、トリートメント中の経験、あるいはその効果を楽しいものと受け止めている。ルーチンだから楽しくないとは限らないのだ。エステがストレス発散、「自分自身のための時間」、あるいは「私はそれに値する」という正当化と関連しているとすると、身だしなみのための手入れは必需品として位置づけられる。つまり正当化の根拠があまり必要ないものといえよう。あえて根拠を追求すると、しばしば、職場で「非難を受けない」外見レベルを保つためという答えが返ってくる。職業人としての生活における身だしなみを整えることの役割については、第４章で論じる。

ヘルス・トリートメント

サロンで提供されるサービスのうち、「ヘルス・トリートメント」に分類されるものは、さらに、医学的に明白な病気の兆候を軽減するためのものと、もっと全般的で全体論的《ホリスティック》な健康の感覚に役立っていると客が受け止めているものに細分できる。両者はもちろん重複する部分があるが、正当化の理由は、まるっきり異なる。慢性的な病気があり症状緩和のためにトリートメントを受ける場合と、「健康」志向から受ける場合では客のタイプが違うし、サロン通いが生活のなかに占める役割も異なっている。病気持ちではない人にとってのヘルス・トリートメントとは何かを理解するために、健康的《ヘルシー》なライフスタイルという概念について検討してみよう。この視点に立つと、健康はレジャー活動や消費行動と関連してくる。加えて、ビューティー・セラピーは、医療と補完療法との関係の中で存在しており、セラピスト自身も、プロとしての地位向上のために自分たちの仕事の健康に関連する側面を強調している。サロン利用者の生活におけるヘルス・トリートメントの役割については、第5章で取り扱う。

補整

四種類のトリートメント（または、女性がサロン通いの理由としてあげる項目）の最後の一つは、補整である。補整トリートメントについては、サロン利用者が楽しみを感じるというデータはほとんどなく、むしろ「ふつう」と見なされるものを手に入れることが目的になっている。その一例が、顔の脱毛である。補整目的のサロン利用者は、自分がサロンに通っていることを話したがらず、周囲に隠していたり、恥ずかしく思っていることも少なくない。顔のひげは男性性のシンボルであり、「ふつう」の女性の状態にもどるために補整トリートメントを受けるのである。

補整トリートメントは虚栄心や美容目的に発したものではなく、利用者はサロン通いを他人に気づかれたくないと思っている。この種のトリートメントは、特に、ふつうの女性らしさの境界、ならびに自然に見える状態（実は人工的に作り出されたものだが）を守るために行わねばならない作業を浮き彫りにする。サロンで過ごす時間が自分のための時間であることは間違いないが、特別な楽しみや贅沢というより、どうしてもしなければならないことと見なされている。補整トリートメントは、慢性的な病状の緩和のためのヘルス・トリートメントと共通項がある。どちらも、トリートメントを受ける女性には、それが自分自身のための楽しみであるという意識はまったくない。むしろ、自分の生活のなかで重要性と必要性が高い部分への投資と見なしている。

カウンセリング

利用者インタビューから明らかになった以下のトリートメント四種のほか、セラピストの話によるとサロンではカウンセリングも行われている。セラピストは会話全般に加わるというより、むしろ非公式のカウンセラーの役割を果たしているようだ。カウンセリングは、ビューティー・セラピストの心身両面での働きかけを必要とする。客の言うことに耳を傾け、友達関係ほどには親しくないが、他業種で客との間に生じるよりもずっと親密な関係を作り出す。美容師《ヘアドレッサー》や補完療法専門家と客との間に生まれる関係も、同じようなものだろう。

セラピストにとって、このカウンセリングという役目はつかみ所がない。カウンセリングが客にとって良いことであり、客が心理的健康への効果を認めてリピーターとなるための鍵を握るものだが、難しく消耗する仕事であると受け止められていた。だが同時に、セラピストは、客の話を聞き、助けてやれることに大きな個人的満足を感じている（Sharma and Black, 1999）。この点については、第4章のセラピストの仕事のフィーリング面について論じる際に詳しく検討する。

本書の構成

第2章以降は、ビューティー・サロンという世界を規定し、サロンの活動のある特定の側面に焦点を当てて詳しく考察する。インタビューで得られたデータをフル活用しており、引用部分は話し手（インタビュー相手に私がつけた仮名）を明記している。サロン利用者とセラピストを区別するため、ビューティー・セラピストの場合はBTと付け加えた。第2章は美容産業の歴史を、特にアメリカに焦点を当ててたどる。本書の中核である第3章では、インタビューから浮かび上がった主な情報を明らかにし、女性のビューティー・サロン利用を理解するための分析の骨格を示す。第4章では、「目に見えない美容の仕事」と私が名付けたものを取り上げ、ビューティー・セラピストの感情労働の役割と、サロンでのトリートメントが利用者の仕事や職場のなかで占める役割の双方について考察していく。第5章は、ビューティー・セラピーを巡る健康関連の主張に光を当てる。前半と後半に分け、前半では、客が利用する健康関連のトリートメントを明らかにし、それらのトリートメントを、健康にとっていかなる意味を持つか、および、現代社会における医薬品の役割についての競合分析という観点から解き明かしていく。特に、消費行動、健康、そしてビューティー・トリートメントを統合する手段として、健康的なライフスタイルという概念に的を絞る。後半では、健康に関連する部分でのセラピストの役割、および医療や補完療法との関係を取り上げる。以上の第2章~第5章は、単独でも読めるようになっている。美容産業は多様な要素の集合体であり、サロンでは多種多様なトリートメントが提供されていることから、特定の面に焦点を絞って捉えることができるのだ。ただし、この焦点の枠組みとなっている経験・分析データの多くは、第3章に示されている。

第2章 美を創り出す
ビューティー・サロンの歴史

美容産業の歴史はけっして浅くない。有史以来、男も女も、それぞれの日々の暮らしや社会的地位に応じた美的基準を保つために、クリームやローションなどを使ってきた。しかしながら、現代の美容産業や本書で焦点を当てているビューティー・サロンが出現したのは、19世紀半ば、女性をターゲットとする宣伝が登場したのと同じ頃だ。美容関連製品が売られ美容サービスが提供されるようになると、ビジネスとしての発達が始まった。それに続いて正式な人材養成制度も確立され、美容業の従事者は、公的資格を持ち職業基準と倫理規範を備えたプロフェッショナルとしての地位を認められるようになっていった。だが、美容と化粧にかかわる産業が一つの巨大な商業分野として十分に認知されるようになったのは、ようやく1920~1930年代であり、今日の私たちにとってなじみ深い産業形態が確立されたのは、おそらく第二次世界大戦後のことである。

イギリスでは数年前から『１９００年の家』というテレビ番組が放映されている。中流の白人一家が１９００年代に建てられた家でその当時の暮らしを再現するという内容で、家の中の家具や調度、設備はすべてその時代のものだ。一家は、当時のイギリス中流家庭において手に入ったものだけで暮らさなくてはならない。とても印象的だったのは、家事の負担、置かれた環境、そして社会における役割の面で、女性にとって当時の生活はほとんど耐えられないということである。中流のライフスタイルがそうなのだから、当時の貧しい女性たちの暮らしがどんなに心身をすり減らす悲惨なものだったか、想像もつかない。市販の美容製品が手に入らなかったという事実も興味深かった。洗髪は生卵との格闘で、しかも油っぽい髪の毛の臭いはとれず、嫌でたまらない様子がひしひしと伝わってきた。洗い物などの家事で荒れっぱなしの手のために、女性はグリヤリンなどを混ぜ合わせて自分でハンドクリームを調合した。顔にも使ったが、まるでワックスを塗ったような感じだったようだ。ところで、男性の場合は、ひげを剃るのにカミソリをうまく使えなくても、床屋に行くという逃げ道があった。このテレビ番組がはっきりと描き出しているのは、20世紀に入るか入らない当時のイギリスでは、中流女性にとってさえ美容製品は簡単には手に入らなかったこと、また、清潔さと健康のための美容製品に対するニーズが、「美しくなる」ためのものに劣らず高かったということである。

美容産業の発達をたどると、政治、社会、経済、文化の変容の過程が浮かび上がってくる。ビューティー・セラピストやその雇用の歴史からは女性の職業の変化がうかがえるし、サロンで提供されるトリートメント・サービスには、女性の身体を巡る政治的論争が反映されている。整髪料や美容製品の広告は、広告におけるジェンダーと人種の表現に関する文化論争の好例である。ジェンダー論議は、広告における女性のライフスタイルにも表れている。人種アイデンティティの外枠も、美容産業がどのような形をとり、どのような活動が行われたかから浮かび上がってくる。こうした問題は19世紀半ば以前にも認められるが、はっきりした具体的な形で経過をたどれるのが、ビューティー・サロン、そして、もっと広く美容産業の歴史である。これまでの美容の歴史研究のほとんどはアメリカに焦点を当てている。したがって、イギリスのビューティー・サロンではあまり一般的とはいえないサービスも取り上げられている。アメリカの歴史研究では、ヘア・サロンとビューティー・サロンは区別されていない。それで、ビューティー・サロンの歴史のなかには髪の毛に関する問題が含まれている。アフリカ系アメリカ人のサロンとヨーロッパ系アメリカ人のサロンの歴史は、共通する部分と独自の部分がある。次のセクションでは、アメリカに焦点を当て、同時に民族性という点での類似点と相違点に配慮して、美容ビジネスの発達の歴史をまとめてみる。

美容ビジネス——19世紀以前と以後

19世紀半ば以前、一般に、女性はそれとわかる化粧《メークアップ》はしなかった。この時代の女性が夢中になったのは、きめ細かく色つやの良い肌、上流階級の貴婦人の象徴である白い肌を保つためのクリームや美容液の調合法である。スキンクリームや美白ローションは民間療法にルーツを持つことが多く、その原材料は何世紀も使われてきた。16〜17世紀、美容液の製法は、家事全般を担当し、薬草を育て、病人を世話し、そして自分自身の美容にも気を配る女性の一般的な知識の一つであった。天然痘の痕を目立たなくしたり、色白に見せたり、あるいは顔色の悪さを補うために、女性たちは化粧水を使った。この意味で「化粧品」としての美容液の使用は、広い意味でのボディケアや保健全般と結びついていたことが明らかだ。ハーブ水などの製法は、往々にして神秘主義や占星術の考え方の影響を強く受けた。異文化から取り込まれた処方もある。たとえばアメリカでは、メキシコ系住民とともに「男児の温かい尿」を化粧や皮膚病の薬にする伝統療法が入ってきた（Peiss, 1998）。また、奴隷を通じて、西アフリカの整髪剤や美容液の調合法が持ち込まれた。アメリカ先住民が用いていた植物の根や薬草は、「インディアンの薬」として広まった。

ビクトリア朝時代には、こうした手作り美容液が一般化し、多種多様な肌の手入れ用剤の調合法が女性の間で広がった。自分の自由になるお金を持つ女性は、市販の美容液を手に入れることもできた。薬局が出現し、原材料や各種調合済みローションの卸売りが登場すると、市場が拡大し始めた。こうした販路は流通網の発達を促し、美容製品市場の成長を後押しした。この初期の市場は、自由になるお金を持つ都市部の女性を中心としたもので、ニーズの高い原材料や製品が主な商品であった。小さいながら化粧品産業が発達し、整髪料も普及していった。この初期市場では、調香師も重要な役割を担っていた。しかしながら、商品のほとんどは化粧《メークアップ》用ではなく、肌の色つやをよくするためのものであった。

ビクトリア朝時代、化粧品は隠すために塗る物として敬遠されていた（Synnott, 1990）。何世紀もの間、男性はこの種の「技巧」の使用に疑いのまなざしを向け、男をおびき寄せようとする「妖婦」の偽りの外見に欺かれ、結婚の罠に落ちることをおそれてきた。顔に化粧品を塗れば、病の痕跡を隠したり、実際より若く見せることができる。男性にとって、化粧品は恥知らずな女性のずるい武器と思えたのだ。しかしながら、化粧品の使用をめぐる疑念には、明らかに第二の理由があった。化粧《メークアップ》は売春や女優の舞台化粧を連想させる。ビクトリア朝時代以前、女優は「身持ちが悪く」、その点で売春婦と大差ないと見られていた。つまり、メークアップは聖母と娼婦の二分法で娼婦側に位置づけられる。ビクトリア朝時代、「良家の」女性がはっきりと目立つような化粧をすれば衆目の凝視を浴び、男からも女からも激しい非難を浴びただろう。「きちんとした」女性は「自然な」外見を隠したりしないと思われていた。しかし、この自然な外見とは、けっしてありのままのものではなかった。この時代の白人女性の間で最も人気があったのは美白製品、当時の中流階級の間で非常に重視された青白い雪花石膏《アラバスター》の肌に見せるためのものである。皆が皆、ありのままでこのような肌を持つわけではないから、中流階級の女性たちは望ましい外見を求めて美白化粧水や白粉《おしろい》に投資したのだ。望ましい外見は、さまざまな要素を象徴していた。

第一に、青白い肌は肉体労働者ではないこと、肉体労働せずにすむことを表すものだった。ビクトリア朝時代の中流階級の女性の身体は、彼女たちの生活が礼儀作法とかっきりとした階級の壁で規制されていることを体現したものだといえる。第二に、発汗とてかりを抑えるための白粉も、同じ効果を上げた。ここから、女性は汗をかかない、大わらわになって動き回る必要はないという錯覚が生まれ、その結果として、女性はある程度は自然に青白い肌の美を備えているという幻想が作り出されたのだ。

それから第三に、最重要点として、肌を白く見せるための「美白」化粧水は、人種境界の明白な指標だった。19世紀評論家は、美を人種との関係において捉えた。「人種」という概念そのものは20世紀の産物であり、文化的部分集合を指すときもあれば民族的部分集合を表すときもあるなど、その使われ方は定まっていない（McClintock, 1995）。多種多様な文化グループを明白な区別のある生物学的「人種」グループに区分する概念は、ビクトリア朝政治体制や帝国主義の産物であり、科学的論議を土台として固まった。この傾向は特にイギリスや英植民地帝国では顕著で、知的・道徳的・社会的特性と身体外見を結びつけた人種的搾取を正当化するために科学が利用された。アングロサクソン系白人男性を頂点とし、アフリカ人およびその子孫を底辺に置く人種階層《ヒエラルキー》が作り出された。中間には階級や人種や性《ジェンダー》によって区別される複雑な関係をなすグループが配された。白人女性が自分たちの特権を確たるものとする白さを確保し誇示したがった背景には、この階層構造があったのだ。人種の違いを際だたせる特徴を強めることが重視されたということは、逆説的に、人種間の結びつきを表している。歴史を見ても、白人女性と奴隷男性の性的関係やその結果としての混血児の誕生は珍しいものではない。そして、イギリスでもアメリカでも、こうした異人種間の結合という事実を否定することが最重要事項だったのだ。明らかに、黒人女性もまた美白剤や漂白剤を使った。黒人女性の場合は、ある特定の女性群において使用されたことから、模倣というよりパロディーと見るべきだという意見が一部の批評家にある（White and White, 1998、Peiss, 1998 による引用）。しかしながら、人種差別が激しく、特権が人種アイデンティティと結びついていた社会では、黒人女性を対象に、外見をその特権と関連する特徴と一致させるための製品市場が存在したとしても不思議はない。ギルマン（Gilman, 1999）は、人種的特徴を改変するための「美顔整形」は、黒人男女だけでなく、他の少数民族《マイノリティー》においても同様に、ずっと以前から行われてきたと指摘している。

ビクトリア朝の中流白人にとって、化粧品は、階級境界や人種境界を明確にするためのものであると同時に、階級内部の区分を際だたせるものでもあった。化粧品はまた、デリケートで自然な女性らしさというイメージも確立した。バヴァーニ（Bhavani, 1997）によれば、このイメージは今日も健在である。

また、この女性美のイメージは、労働者階級の女性（黒人だけでなく白人も）の家事労働――そのおかげで、白人中流女性は庇護と特権のある生活を送れた――という土台の上に築かれたと、バヴァーニは指摘する。植民地時代のインドの白人家庭には非白人のメイドや使用人がおり、アメリカではアフリカ系アメリカ人がいた。イギリスでは、白人労働者階級の女性が家事労働を担っていたおかげで、デリケートで非常に女らしいビクトリア朝貴婦人のイメージが生まれ得たのだった。こうした貴婦人たちでさえ美白化粧品や白粉を使っていたという事実は、彼女たちの立場の不確かさや、自身の身体の手入れに労力を傾けることで階級と人種の階層構造のうわべの自然さを強化する必要があったことを如実に示している。19世紀半ばの時代は、女性が自家製の化粧品を使っていたという点ではそれ以前の時代とつながっている。しかし一部の化粧品の使われ方は、現代の政治・社会的情勢とも直結している。

この時代の重要な社会変化は、誇示と消費の楽しみに敏感な都市部中流層の成長であり、それと歩調を合わせて階層社会にはゆるみが生じた。同じ頃、初期のフェミニスト運動が始まり、公的な平等を要求する女性の影響で、女性全体が女らしさを失うのではないかと懸念されるようになった。19世紀後半の都市部では、見ることと見られることが新しい意味と重要性を持つようになった。中産階級の女性たちの生活に、新しい場面が加わった。百貨店の発達で、女性は買い物のため、あるいは単なるウィンドウショッピングのために、この公の場に出かけることができるようになった。事実、女性有給労働者数の増加や女性の経済的独立要望を原動力とした初期フェミニズムの要求の一部の発散の場として、女性たちはこの成長する消費者文化に引きつけられたのだろうと、ウィンシップはいう（Winship, 1987）。女性が消費成長の推進力となってきており、百貨店は当初から女性の関心を惹くことを狙いとしていた。たとえば、１９０９年にオープンしたロンドンのセルフリッジ百貨店は、イギリスの百貨店第一号であり、最初から百貨店として建築された店舗としては世界最大であった。セルフリッジ百貨店は、革新的な販売テクニックで客層を広げ、中産階級を顧客として取り込んだ。セルフリッジ自身は女性参政権の支持者で、当時のフェミニスト雑誌に広告を出しもした（Nava, 1998）。実際、百貨店をオープンすることによって自分は女性解放という大義に助力しているのだと、暗に示しさえした（Lury, 1997）。

この視覚的要素が強まる一方の都市文化に道路照明が加わった結果、公的空間での自己と他者の見え方が変化した。18世紀以前はいうまでもなく19世紀の初めでさえ、ガラスは質が悪く、ほとんどの人は自分自身の顔をはっきり見ることなどなかった。だが、19世紀半ばになると、店のウインドウも鏡も、品質がよくなった。しかも、写真の登場が、男女を問わず自分の風貌に対する認知に一大影響を及ぼした。ビクトリア朝時代、町の写真館はリピーター客で繁盛した。写真に写った自分に満足できない人が多かったからだ。写真の修整や彩色のニーズも高かった。写真の発達と足並みをそろえるように、ファッション産業や報道産業が繁栄し始めた。女性雑誌にスキンクリームの広告が掲載されるようになったが、化粧品についての情報や広告はまだ限られていた。第一次世界大戦前まで、女性の「化粧」の是非をめぐる論議はいっこうに下火にならなかった。消費者主義と商業化の成長と軌を一にしたこの19世紀半ばから20世紀への変わり目の時代について、パイスは次のように的確にまとめている。

美容製品に対する女性の関心の高まりは、消費者としてのアイデンティティという新しい自覚と時期を同じくした。女性が物品を買ったり交換したりするのはそれ以前からだが、1900年ごろになると、女性消費者という新しい自意識が生まれた。女性雑誌や広告を通じて、女性読者は、ブランド製品や賢いショッピングの世界を知るようになり、品揃えが豊富で、買い物の楽しみが味わえ、愛想の良い店員が迎えてくれる百貨店は女性のパラダイスとなった。(Peiss, 1998, p. 50)

もっとも、消費者としてのアイデンティティは広まったものの、大衆市場とまでには至っていない。たとえばアメリカでは1916年当時でさえ、洗面化粧品類を使っていたのは5人に1人にすぎなかった（同前）。前述したとおり、1900年のイギリス中流家庭の暮らしを再現した女性が、洗髪に卵を使い、自分でハンドクリームを調合していたことも、あわせて思い出していただきたい。

今日の私たちが思い描くビューティー・サロンが発達し始めたのは、この時代以降である。この時代以前にも、大金持ちの女性用にある種のビューティー・サロンがあるにはあったが、ほとんどの女性にとっては自宅での手入れがふつうだった。美容製品の製造販売を手がけ美容ビジネスに乗り出す女性起業家が出現したのは、19世紀末以後である。私たちはつい、現代の美容ビジネスの大部分を占める多国籍巨大企業を基準に考えてしまう。しかしながら、パイスが言うとおり、美容産業のルーツはまったく別のところにある。

> 今日、大企業が全国レベルの宣伝を展開して究極の美のイメージを広く行き渡らせている化粧品は、本質的に消費者文化の産物に思われる。しかしながら、アメリカの美の文化の起源は別のところにある。ルーツは、20世紀の明け初めに誕生した美容産業の萌芽期のビジネス――ビューティー・サロン、薬剤師、百貨店、特許を持つ化粧品会社、香水会社、通販業者、そして女性雑誌が紡ぎだした蜘蛛の巣のなかにあるのだ。
>
> (Peiss, 1998, p. 61)

ついでにいえば、今日なお、サービスの提供や販売は地元のつながり《ローカル・ネットワーク》に依存している。今回の調査で対象とした女性にとって、サロン通いは現実味の薄い普遍的な理想美の追求であると同時に、身近な経験でもあるのだ。

世紀の変わり目から20世紀へ

今回の調査対象であるビューティー・セラピストの先駆けは、19世紀から20世紀の変わり目の頃の美容産業に見いだせる。美容ビジネスは女性に門戸が開かれた数少ない雇用先の一つであり、力量次第で名声と財産を手に入れることも不可能ではなかった。19世紀末、労働者階級と一部の中産階級の双方の女性が美容ビジネスの世界に足を踏み入れるようになった。もともと理容院や美容院で使用する整髪料や美容液はそこで働く女性の手作りのものが多かったが、世紀の変わり目ごろから、女性たちは自分たちの調合法に特許をとり、商品として製造し、手広く販売するようになった。依然として、多くは女性が自分の台所で一人で調合し近所で売りさばく形だったが、全国的なネットワークを作り上げ、大量生産能力を確保し、広告に投資するビジネスウーマンも数多く出現した。フローレンス・ナイチンゲール・グレアム（後のエリザベス・アーデン）やヘレナ・ルービンシュタインの名は、今も化粧品業界では有名である。アニー・ターンバウとサラ・ブリードラブ（マダム・C・J・ウォーカー）は、アフリカ系アメリカ人女性を主要ターゲットとして、同様のビジネス帝国を築き上げた。当時の女性美容ビジネスでは、しばしば販路がネックとなっていた。その克服のために開拓された方式が訪問販売や通信販売であり、後年、他業種にも取り入れられた。美容業に従事する女性が増え、美容ビジネスを構成する多種多様なサービスを体系的に習得しようとする動きが出てきた。19世紀末以降は、正式な理容・美容従事者養成システムが確立された。続いて、通信教育が登場し、美容学校も誕生した。ここでも同じく、女性が創設し、スタッフも女性が占めた。こうして新たに養成された女性たちを働き手として吸収したビューティー・サロン・フランチャイズ店が増えていった。

しかしながら、美容業に携わる女性にとっては、一ビジネスとしての美容の「社会的地位」を確立することが問題であるという状況は依然として続いていた。化粧品を使うことや「美しくなること」は総じて蔑視されていたし、「身持ちの悪さ」や虚栄のイメージがつきまとっていた。これに対して、乳液や化粧水は、女性が自分の生まれながらの容姿を保つための必要品として販売された。また、女性起業家の自身の知識や苦労話と絡めて販売されたことも大きな特徴だった。次第に、次に記すように、過去の化粧品に対する疑念が下火になっていった。

ビューティー・ケアを一連の習慣として、身体的、個人的、社会的、および商業的に同時並行的に促進すること。美容ビジネスは、個人レベルでの美の**育成**《カルチャー》——「ビューティー・カルチャー」という表現の本来の意味——を、共通の手段と儀式の**文化**《カルチャー》に転換した。

(Peiss, 1998, p. 62)

こうした変化は、少なからずビューティー・サロンや女性の近所づきあいを通じて進んだ。新しい製品や手入れ法についての情報は、頻繁に地元紙に掲載され、クチコミで広がった。ビューティー・サロンは、女性がおおっぴらに集える準公的空間の一つ、均一な社会空間として機能した。白人女性をターゲットとする市場は所得層によって細分化した。たとえば、ヘレナ・ルービンシュタインは、「上流階級の」女性を狙ったマーケティングを展開した。

アフリカ系アメリカ人女性をターゲットとする市場は、また違った発達をとげた。ここでは、サロンは地域共同体《コミュニティー》の中心であり、ときとして政治活動の拠点ともなった。白人や黒人男性の経営する会社が、黒人女性をターゲットに美白剤や漂白剤を販売した。一方、経営者が黒人女性の会社は、中心となった女性たちがこの種の製品の販売を拒絶し、独自の道を歩んだ。美容ビジネスは、黒人の女性そして男性にも、重要な雇用機会を提供した。たとえば、19世紀前半、アメリカ南部から北部への黒人労働者の大移動が刺激となって、北部の都市域における雇用機会が大幅に増大した。仕事といえば白人家庭の家事労働がほとんどだった黒人女性にとって、美容ビジネスは貴重な自営の道であった。この大移動の時期には人種間関係が悪化し、アフリカ系アメリカ人女性は、白人男性客が大半を占めた床屋の雇用機会が減ったため、黒人女性を客とするビジネスを展開することで自分たちの雇用機会を拡大した（Boyd, 1996）。実際、ボイドが指摘するように、有名なマダム・C・J・ウォーカーは、自力で百万長者になった初のアメリカ女性である（Boyd, 1996, p. 42）。

黒人女性の美容文化は、日常の暮らしの文化と一体化している部分が大きい。サロンや訪問サービスは女性の集いの機会を提供し、サービスを提供する女性にとっては収入の機会となったが、重要なのはこうした集いが後日——たとえば世界不況の時代に——経済的支え合いの核となり、政治論議の場となったことだ。この点で、美容文化はより広い民族文化や政治文化と結びついていた。マダム・C・J・ウォーカーの美容ビジネスと政治のつながりは明々白々だ。ウォーカーは、全米有色人地位向上協会（NAACP）を支援し、リンチ反対キャンペーンを展開した。娘のライラ（後にアライラ）・ウォーカーは、後日、母親の遺産を投じてゾラ・ニール・ハーストンやラングストン・ヒューズなどハーレム作家のパトロンとなり、ハーレムにナイトクラブを開店した（Rowbotham, 1997, p. 652）。ウォーカーもアニー・ターンバウ・マローンもともに、コミュニティーのアート・プログラムに肩入れし、黒人コミュニティー内での人員養成や、家族や民族で構成するビジネス・ベンチャー育成を後押しした。マローンは、女性社員に政治教育も施した。

20世紀の最初の20年間に美容産業は大発展を遂げた。アメリカでは、1909年から1920年の間に、化粧品・香水製造業者の数はほぼ倍増した。同じ期間に、市場規模は1420万ドルから1億4100万ドルに拡大した（Peiss, 1998, p. 97）。初期の地元志向の美容産業は女性起業家が中心になって築いたが、美容製品市場が急成長するに伴って、業界は徐々に男性に牛耳られるようになった。アメリカでは、1906年食品医薬品法によって、小規模事業やサロンでの調合に用いられる成分の多くは製造および使用が規制された。美容産業に新たに加わった男性たちによって、業界団体が設立され、業界内で新たな専門職業としての地位確立に向けた動きが始まり、小さなサロンや女性の小規模ビジネスは片隅に追いやられていった（Willett, 2000）。拡大する美容市場への投資を目的とした新世代の男性起業家が老舗企業に参加し始めた。メークアップ用品は依然として異論のあるリスクの高い製品だったが、この分野に参入した企業は、女性にとって製品選択の幅を大きく広げた。もっとも、ベースとなる製剤の製造者数は相変わらず少数のままであった。新たに男性が牛耳るようになった美容産業においては、広告への投資というさらなる発達が始まった。製品によってターゲットとなる消費者層はさまざまだったが、全国誌への広告掲載は、特に画期的な効果をあげた。また、女性誌では美容欄がメイン記事となった。こうした状況変化のなかでは、地元志向で起業者の専門知識にたよる女性ビジネスは不利となり、ますます周辺に追いやられた。

市場の拡大と市場内部の変化はある程度並行した。ただし、黒人が経営者のビジネスは非常に独自性の高い分野となっていたため、この傾向はそれほど顕著ではなかった。黒人ビジネスは黒人客をターゲットにしぼり、広告でさえ独自の黒人向け紙誌に掲載された。白人経営者の企業も黒人美容市場への参入を試み、黒人消費者向けのマーケティングや特に黒人向けのブランド開発などを手がけたが、黒人側は事業者と消費者を問わず拒否反応を示した。老舗クラスの黒人ビジネスも手法や製品の修正を余儀なくされたが、マダム・C・J・ウォーカーは断固として美白剤の販売を拒絶した。１９３０年代の大恐慌のさなか多数の小規模事業が廃業したなかで、ビューティー・サロンは経済的・社会的支え合いの中核となった。白人市場と黒人市場は、それぞれの特徴を維持したが、一つの共通点は業界内の男性の増加である。

> １９２０年代に出現した消費者文化は、広告とメディアを主体としたマーケティングに力点を置き、今日ではアメリカ人の生活と一体化している。その発達はほとんど必然、自然にすら見える。化粧品、消費、そして女性らしさは、継ぎ目のない一枚の布となっているようだ。しかしながら、当時もなお化粧品や化粧そのものを疑問視する風潮は強く、大衆市場会社は、多くのアメリカ人にとって正当化の根拠となるパッケージの探索に躍起となっていた。女性消費者の気持ちを見抜き、明白なニーズと要望を販売につなげることは、そのころには化粧品業界を手中に収めていた男性の多くにとって相変わらず難問であった。
>
> (Peiss, 1998, p. 114)

美容産業に関わる男性たちは、女々しい男と見られるのを非常に嫌い、学術研究の背景を持つ、あるいは演劇界に詳しい人間という自己イメージを提示することが少なくなかった。こうした男性が経営する会社は、自社製品のイメージを高めるために「魅惑的な」有名女性を雇い、ときとして女性がオーナーの会社という幻想を作り出した。また、マーケティングや広告に女性の知識や技量を求めた。女性のファッションやスタイルを美容産業のビジネス・ニーズに適合させるプロセスにおいては、高学歴の女性を集めた識者集団に趣向の形成と文化の仲介の役割を担わせた。このような立場に置かれた女性は、第4章で述べる職場での不安定な立場の先例となる矛盾を経験した。知性が高く専門職でありながら、こうした女性たちの専門知識はなにがしか「生得的な」ものと見なされた。広告などの分野での成功は、専門家としてのスキルや資格よりも、女性としての感情移入に依存すると思われたのだ。この暗黙の見方は、私の調査に参加してくれたビューティー・セラピストたちが直面している困難にもうかがえる。彼女たちは、感情移入や話を聞くスキルは専門職としての役割にとって不可欠だと強調した。一方で、こうしたスキルは、トレーニングで培われるというより、女性が生得的に持つものだと見られている（Sharma and Black, 2001）。

広告、小売り、製造、雑誌編集などのビジネスがますます相乗効果を発揮し始めた。化粧品や美容製品の使用が一般に普及するにあたって特に重要な役割を果たしたのは、映画という文化であった（Stacey, 1994）。映画を通じて化粧した顔はすでになじみのものとなっており、製品の直販に利用された。女性性をイメージ選択の一つのプロセスとして確立したのも映画である。人気映画に使われた美容製品やファッションが、選択や購入の基準となった。映画は既製類型を作り出したのだ（Craik, 1994）。

ここには、ファッションや服飾と化粧品との関係における重要な変化の一つを見いだすことができる。19世紀には、美容品は自然の美を高めるもの、あるいは今日の私たちにとってふつうの身だしなみを整えるためのものであった。化粧は大胆不敵な行為と見なされた。１９２０年代以後、外見とファッションが結びつき、容貌そのものがスタイルの要素となった（Claik, 1994）。たとえば、アメリカでは、1937年、大手化粧品業界紙が『洗面化粧用品（Toilet Requisites）』から『ビューティー・ファッション（Beauty Fasion）』に改名した（Peiss, 1998, p. 130）。第二次世界大戦が始まる頃には、美容産業はますます商品化され、大量市場となった。起業家、従事者ともに女性は傍流となり、美容ビジネスは、歴史を通しての身繕いや強調するプロセスというイメージよりも、むしろファッションと結合した。文化の視覚化がいっそうすすみ、女性にとって雑誌や映画が、ファッションのイメージやアドバイスの主な情報源となった。こうして、美容産業は今日の私たちが思い描く形をとるに至った。

第二次世界大戦中、女性性とその象徴は戦時政策に取り込まれた。それまで男性が独占してきた職業に女性が徴用された。女性が兵器工場で働き、重機を操縦し、大型車両を運転した。戦争の名の下、肉体労働にも駆り出された。それ以前も重工業分野に女性労働者はいたが、女性の仕事は男性の仕事とは区別されていた。一部の女性にとって工場の仕事や肉体労働は身近だったが、それらの全部に女性が関わっていたわけではない。専門職業に就く女性が急増したのもこの時期である。イギリスの中産階級の女性たちの間では、専門職についていたものは戦後も仕事を続けたがり、一方、低賃金の単純労働に従事していた女性は戦前の生活に戻りたがる傾向があった（Rowbotham, 1997）。

女性の新しい労働分野への進出は、男性労働者には必ずしも歓迎されなかった。イギリスでは、女性が操縦していた機械を男性労働者が破壊した例がある。男性熟練労働者も、女性が男性の労働組合権利を弱体化させることを恐れた（Rowbotham, 1997）。こうした不安の土台には、ジェンダーや階級の政治学《ポリティックス》があった。女性自身や広告業者が女性性に訴えたのは、女性の役割をめぐるこういう不安を緩和する試みでもあった。イギリスでは、ストッキングが手に入らないとき、女性は脚を染め、友人に脚の後ろ側にストッキングの縫い目に見えるよう線を引いてもらった。アメリカでは、１９４３年から４４年にかけて、化粧品会社タンジーが女性雑誌に広告を掲載した。戦時中であったが、女性に口紅を塗ろうと呼びかけ、「男の仕事をしていても女性らしさを失わない」ことは良いことだと宣言したのである（Peiss, 1998 による引用。p. 240）。口紅は、女らしさの強力なシンボルとなり、士気高揚と生産性向上のために利用されたのだ。アメリカでは、１９４２年に化粧品製造が統制下に置かれ、必需品の原材料確保のため新製品の市場化が禁止された。しかし四ヶ月後には、統制令は解除された。戦時体制への女性の支持と協力を確保するという点で、化粧品の使用は不可欠だと見なされるようになったのだ。パイスが指摘するとおり、「美しくなることは、毎日の身だしなみからアメリカ国民のアイデンティティの表明へと進化した」のである（Peiss, 1998, p. 245）。とはいっても、野放図な使われ方が許されたわけではなかった。露骨すぎる女らしさは、工場では顔をしかめられた。職場では、服装、ヘアスタイル、化粧は安全性という視点から捉えられるようになり、社会変化の時代には、女性らしさと女性の相応しい役割についての不安の源ともなった。この外見と化粧品とファッションとアイデンティティの新たな結合は、第二次世界大戦から今日までの美容産業の展開を貫くテーマである。

戦後の時代

戦争が終わる頃には、化粧品を使うことは女性性文化の一部となった。化粧が真の女性性を隠す仮面と思われることもなくなり、おおむね、売春や「身持ちの悪さ」というイメージとは切り離して捉えられるようになった。アメリカでは、口紅の使用率は１９４８年には成人女性の90％近くに達していた（Peiss, 1998, p. 245）。しかしながら、市場は、階級、地域、民族によって細分化されていた。この時代になると、人口動態学の切り口からライフスタイルや広告や美容産業が捉えられるようになった。化粧品や美容製品を使用することとの意味が、演劇と切り離され、自然の女性性と結びつけられるようになったのもこの１９５０年代である。ここで、化粧品や美容製品が、女性の内なる真の美しさを引き出すため、あるいは真の女性らしさを際だたせるための手段として販売されるというパラドックスが生じた。最初から存在する自然の女性性を隠れ蓑として、人工物が売られたのだ。同時並行的に、たとえば擦っても剥げない口紅やファウンデーションなど、落ちにくいことに主眼をおいた化粧品が発達した。

１９５０年代から１９６０年代初めの、郊外の自宅に閉じこめられた中産階級の女性の生活については いろいろと報告されている。ベティ・フリーダン（Friedan, 1963）やハンナ・ギャブロン（Gavron,

1966）の著作は、当時のフラストレーション、憂鬱、退屈感をえぐり出している。フリーダンにとっては、これは「名前のない問題」であった。

> この問題は、長年、アメリカ女性の心のなかに押し込められ、言葉にされることはなかった。それは、20世紀も半ばのアメリカで女性が苦しんでいるという奇妙な苛立ち、不満感、切望感であった。郊外の家で、妻たちは一人もがいていた。ベッドを整え、買い物に出かけ、家具のカバーをコーディネートし、子どもと一緒にピーナッツバター・サンドイッチをつまみ、子どもをボーイスカウトやガールスカウトに送り迎えし、夜は夫の傍らに臥しながら、女たちは、「これがすべてなのか？」という口には出さない問いを自分の裡で持ち出すことすら恐れていた。
>
> (Friedan, 1963, p. 13)

マリアンヌ・フェイスフルの『ザ・バラッド・オブ・ルーシー・ジョーダン』では、「郊外の白い家の無味乾燥で退屈なベッドルーム」からの唯一の逃げ道は自殺である（Marriane Faithful, 1979）。しかしながら、女性解放が解決の道だとするフェミニスト作家をよそに、化粧品会社は、ルーシー・ジョーダンに象徴される女性たちに空想と逃避の理念を売り込んだ。セクシュアリティも、この逃げ道の一つとなり、広告は女性の性をマーケティング・ツールとして利用し始めている。

この時代のティーンエージャー市場の出現は、広告業者の細分化された特定の市場を確立する技能が高まったことと同時に、社会状況の変化の帰結でもある。1950年代、化粧品の使用についてさまざまな心理学的解釈が行われるようになると、化粧品の使用はアイデンティティの問題とも結びつけられた。1950年代の若い女性たちは、自分の外見に実験を試みることは、自身の女性性の感覚の発達において重要な要素であると考えた。それはまた、若い女性の文化に織り込まれた社会儀式の一部でもあった。いろいろな服を試し、ヘアスタイルをさまざまに変え、化粧することは、若い女性たちの間では友達同士の儀式の重要な一部である。1950年代以降、化粧することは、「一人前の女性」になるための通過儀礼を意味するようにもなった。1960年代に入ると、若い女性たちは、仲間内で目立つため、オバサン世代とは違うことを示すための手段として、自分の外見を用いるようになった。外見はまた、多様な小集団が入り交じる若者文化のなかで、自分の所属集団を確認するための手段ともなった。広告会社や化粧品会社は、この細分化された市場に注目し、さまざまな社会・文化集団にアピールする製品の開発に熱を上げた。

男性は、第二次世界大戦中に軍隊生活の必要から、きちんとした身なり、清潔な身体、こざっぱりした頭髪といった習慣を身につけた。さまざまな男性身だしなみ用品が製品化され、ちょうど女性の場合の化粧品と同様に、洗面化粧品が士気高揚に資するものとして提示された。戦後、この市場への関心が高まり、さまざまな男性集団をターゲットとして広告が展開された。競争の激しいビジネス界では、外見が重要になった。加えて、身だしなみ製品は若い男性たちに受け入れられた。男性のイメージとしては、軍の英雄とロマンチックな男の二タイプが最も一般的だった。同性愛者や女々しい男という印象を与えないよう、広告会社は、性的に積極的なシーンに「ロマンチックな」男性というイメージを押し込んだ（Peiss, 1998）。

アフリカ系アメリカ人にとって、戦後も依然として外見は重要であった。身だしなみ製品への支出は着実に増え、黒人がオーナーのビジネスが、増加する一方の顧客層に対して商品を提供し続けた。女性誌や美容雑誌には黒人モデルは登場せず、この白人中心の大手新聞雑誌からの疎外は不穏の種だった。１９５０年代後半から１９６０年代に黒人の政治活動が活発化すると、ブラック・アメリカンの美の文化との関連づけも行われた。公民権運動の高まりによって外見も政治思想の影響を受けるようになり、縮れ毛を直毛にするヘアケア製品や美白化粧品は使われなくなった。「アフロ」はファッションであると同時に政治的メッセージとなり、この黒人種の標識を誇れるものとするため「ブラック・イズ・ビューティフル」という標語が使われた。しかしながら、ギル・スコット－ヘロンの『ブラザー』には、この立場への相反する感情が描かれている。革命家の黒人青年が黒人女性にストレートパーマをやめてアフロヘアにするよう勧めるが、スコット－ヘロンが指摘するとおり、アフロになった場合に「美しくなくなる」としたら、この黒人青年はストレートパーマをやめるよう勧めはしなかっただろう（Scott-Heron, 1989［1970］）。黒人イスラム教徒の組織であるネーション・オブ・イスラムも同じく、ストレートパーマに反対の立場をとったが、これは矛盾のおそれを秘めていた。というのも、この組織が支援する黒人所有のビジネスの相当部分がビューティー・サロンで、そこではストレートパーマが主な収入源となっていたからだ（Craig, 2002）。白人の美が支配的であることへの批判は、資本主義批判とも関連しており、美容産業は黒人女性を経済的に搾取するものと見られた。アフリカ系アメリカ人を顧客とするビューティー・サロンがコミュニティー・サロンとして公民権運動関連の情報をやりとりする場となり、政治的抵抗を支援し組織する場となっていたことは、皮肉と言えるだろう。クレイグ（2002）も、公民権運動の内部で美人コンテストの役割を巡って意見対立があったことを指摘している。反対派は美人コンテストは女性搾取だと見なし、一方、擁護派は黒人女性の美人コンテストは、黒人種の誇りを高め成功の意識を育むと主張した。これは、人種と同時にジェンダーを巡る見解の相違であった。

１９６０～１９７０年代、ファッション／美容産業は政治批判の的となった。それ以前も化粧への抵抗感があり、道徳観からの批判があったが、『美』という分野が政治論議の対象として見なされることはなかった。黒人公民権運動を契機に、美の領域に政治が持ち込まれ、すぐにフェミニストが飛びついた。「個人的なことは政治的である」という表現には、外見はもはや単に個人の問題や些末事ではあり得ないという状況が映し出されている。女性の身体に手を加え商品化することは、個人的な問題であると同時に、公的で政治的な問題となった。定まった流行様式というものがなくなった。１９６０年代のカウンター・カルチャーは「自然のままの身体」を奨励し、化粧をしない女性、体毛、男女を問わない長髪は、官能的であると同時に真正で「リアル」なものとも見なされるようになった。しかも、こうした捉え方は、カウンター・カルチャー支持者以外にも広がり、一つのファッシコン・スタイルとして定着した。

黒人問題やカウンター・カルチャーは、フェミニストの美容産業批判をも刺激した。美人コンテストが政治活動のやり玉にあげられ、美容産業全般が批判の的となり、なかでも広告の役割がさまざまに論じられた。美容産業は、広く家父長の圧制や人種主義の問題と結びつけられた。家父長制的資本主義は、女性の社会的成功願望を「不自然」で不可能なことと決めつける思想であり（Chapkis, 1986）、女性を商品化と消費のシステムに引き込むだけでなく、女性を「男性の注視」の的とする理念だと見なされた。

こうした批判は理念や政治においては受け入れられたが、化粧品産業の弱体化につながることはなかった。化粧品業界は、製品の軌道修正によって対抗した。たとえば、クリニークの製品は、美容のためのものではなく、清潔さを保ち身だしなみを整えるための科学的根拠に基づく製品として発売された。セックス抜きのイメージを押し出し、包装を簡素化し、白衣をまとったアドバイザーが接客することで、クリニークは、専門職業を持つ女性をターゲットに絞った。広告では「解放された女性」を前面に押し出し、フェミニストの化粧拒否を、化粧品業界は「自然な容姿」願望として解釈した。この時代以降、政治を抜きにして美容産業を理解することは不可能となった。パイスは言う。

今日、化粧品を巡る論議は、業界の犠牲か自発的な創造か、美の囚人か遊びとしてのメークアップかという両極の間で、激しく揺れ動いている。

（Peiss, 1998, p. 269）

選択のディスコースは、消費者をめぐる論議となっただけでなく、美容産業にとっての強力なツールともなった。第3章からは、この選択とアイデンティティの問題について詳しく見ていこう。

第3章　心地よいだけでは不十分
ビューティー・サロンにおけるアイデンティティ

フェミニストの美容論は地に足のついたものである必要がある。つまり、あいまいで矛盾に満ちた女性の日課を出発点としなければならない。
(Davis, 1991, p. 33)

私がビューティー・サロンを選んだのは、それが女らしさの獲得や、女らしさとは何かについて論じるための絶好の場であるからだ。ビューティー・サロンはおおむね閉じた親密な空間を形成し、女性的な場であるだけでなく、女らしさの秘密のルーチンが商品化され実践される場でもある。これまでの美容産業の活動を批判したフェミニストの著作の多くは、実際の場面に根ざしていない。また、一部のサービスだけが取り上げられ、それ以外は無視されている。批判は特に外見にかかわるサービスに集中している。このように込み入った分野に、私も、冒頭に引用したデイヴィスとおおむね同じ方法で取り組むことにする。それでは、地に足のついたビューティー・サロンの理論化とはどのようなものだろうか。サロンを歴史の流れのなかに置いて、そしてサロンの客とセラピスト自身の言葉を考慮に入れたなら、フェミニストの美容産業批判にどのように磨きをかけられるだろうか。

今回の調査に参加してくれた女性たちの場合、サロンを利用するのに明白な抑圧を受けているとはいえない。女性がサロン通いを決心する上では、社会、文化、経済、および政治的な要素が複雑に絡み合って作用する。全員、サロン通いに対する姿勢についてはあいまいな部分があるといった、なにがしか自己批判的な面があり、同時に、自分が買い手となっている商業システムに対する批判の意識も見えた。

美容産業が売るのは、ただの仮面。肝心要のものじゃないわ。違う？　買えるのは単なる幻影よ。買えないかもしれないけどね。

（マデリーン）

フェミニズムや、外見を気にすべきではないという信念に言及した女性もいた。また何人かは、いわゆるビューティー・サロンというのは「自分たちとは種類の違う女性」が行くところであり、自分の受けるサービスはそれとは違うもの、絶対に必要なものだと考えていた。また、サロンで過ごす時間は贅沢なひとときで、エステは自分へのご褒美と捉えている女性もいた。一所懸命に働き、家族や他人のために時間とエネルギーを費やしているのだから、自分はそれに値するというのだ。こうしてみると、単純で一方向的なモデルによって、美容産業が無防備な「文化的麻薬患者」に及ぼす影響を説明することはできない。同様に、ビューティー・サロンで行われることや身体について、勝手気ままに意味付けしてよいわけではない。つまり、出発点とするのは女性が日常的におこなう社会行動だが、それは、一定の制約を持つ文脈においてのみ理解できるものなのだ。

サロン利用者のインタビューを読み解くにあたって印象的だったのは、彼女たちの話が内部論理に貫かれていたことだ。どのサービスを受けるかという選択、その優先順位、また一部のサービスは単なる「贅沢」だとして却下すること、すべて完璧な理由があるのだ。たとえば、ナイトクラブのドア口で客を迎える仕事に就いているアンナにとって、爪を伸ばしてマニキュアすることは当然の身だしなみだ。マニキュアした手指は、男性支配の仕事場、男性の異性愛が提示される世界において、女性性を強調するものとなる。また、毛深いことを常に自覚させられる苦痛より、脱・除毛の費用を確保するために食事を抜くほうがずっとましだ、というパトリシアの話は心情的にもうなずけるし、説得力がある。このように、それぞれのサロン通いの理由は内的整合性がある。しかし、一人一人の女性がどんな種類のサービスを好むか、あるいは「いちばん」必要あるいは好ましいと感じるトリートメントは何かは、推測しようもなかった。この、嗜好性と優先性の世界は複雑でわかりにくい。個々のインタビューを読むかぎりでは非常に明白なのだが、全員のインタビューをまとめようとすると、全体像は階級、ジェンダー、年齢、所得、人種などの万華鏡となってしまう。もっとも、この万華鏡にはパターンが読み取れるし、たいていの場合、こうした規則性は馴染みのものだ。この万華鏡の作る全体像を理解するには、女性の占める位置が手がかりとなる。ブルデュー（Bourdieu, 1998）によれば、行為は関係的《リレーショナル》であると同時に性向的《ディスポジショナル》である。行為は、見えないけれども捉え推論しなければならない客観的関係と、行為者の身体に刻みつけられている可能性の二つから構成されるというのだ。このブルデュー哲学の礎石となっているのは、客観的構造（社会的空間）と取り込まれた構造（ハビトゥス）の間の双方向的関係性である（Bourdieu, 1998）。私は、この考え方に沿って、広い社会的関係の中で女性が置かれた位置（ポジション）を説明しようと思う。位置を構造的要因との関係で捉えたものが、客観的な場《ロケーション》所である。構造的要因として、本書では階級、人種、セクシュアリティ、ジェンダーなどを用いる。私の用法では、位置を主観的なものとして捉えることもできる。位置と対照的関係にあるのが経《バイオグラフィー》歴、すなわち一人の女性の人生におけるこれらの客観的社会状況の特定の布《コンフィグレーション》置である。その女性のアイデンティティと呼ぶこともできるだろう（Stacey, 1997）。もっとも、私はアイデンティティや経歴を個人的なものとして取り上げるつもりはない。女性は、階級、年齢、人種、ジェンダー、およびセクシュアリティの布置によって関係性と可能性の網目の中に置かれており、女性にとってこの網目は特定の経歴上の場にある可能性を行使できる場所だ。私はこのように捉えている。重要なのは、この複雑で制約のある背景を理解することだ。というのは、美容産業に関する著作では、女性の振るまいは、「社会化」という理論が十分確立されていない概念、または理想の女性像の「内部化」という単純な概念で処理されてしまうことがあまりにも多いからだ。この第3章では、実証的データによって理論的説明の土台を固めながら、こうした複雑な説明に取り組む。

これから先、女性のビューティー・サロンに対する関係を、「きっかけと通い始めの段階」と「自分の中で折り合いをつける段階」に分けて説明する。この二つは私が独自に作ったおおざっぱな区分で、この大見出しの下に、いくつか実証的概念に基づいた小見出しをたてて論じていく。ハビトゥスの作用を検討するが、ここでのハビトゥスは、ビューティー・サロンという女性が圧倒的に多い世界と関係することから、特定のジェンダー化された形をとる。「きっかけと通い始めの段階」と「自分の中で折り合いをつける段階」という設定は、今回の調査対象の女性たち、ひいては広く女性が一般的に占めている社会的位置との関係におけるハビトゥスの作用を検証するための、実証的な発見《ヒューリスティック》的しかけと見なすことができよう。

「きっかけと通い始めの段階」は、女性が実際にビューティー・サロンに通うようになる前に通過するプロセスである。いったい何が、女性を初めてサロンに行かせるのだろう。どのような背後関係において、サロン通いは正当性のある、ときには必要な行為に見え始めるのだろう。「自分の中で折り合いをつける段階」は、女性性を「実践」すること、そして心身の「妥当な」状態と私が定義する状況を実現することである。この妥当な女性性の実現は、他の社会学的分類要素にも左右される。この「自分の中で折り合いをつける」段階では、それらの作用、そしてフェミニストの批判との関連性が非常に明白に認められる。サロンに通う客が利用するサービスは、サロンに通うというそもそもの決心――どのようにして、女性は初めてサロンのドアをくぐるか――と関連している可能性がある。利用するサービスの種類によって、サロン通いを正当化するために必要な理由も異なってくる。「折り合いをつける」段階でどのような経験をしたかによって、自分に必要と思えるサービスは何か（自分へのご褒美《パンパリング》、健康、身だしなみ、補整）が決まる。ある特定の慣習がより広い外の世界における女性自身の社会的位置と密接に関連していることについては、第4章以降で詳しく取り上げる。特に、仕事と健康に的を絞って、客が受け取るサービスがその客の広い社会関係における社会的ニーズの達成に、どのように関わっているかを明らかにする。

きっかけと通い始め

最初に、ビューティー・サロン通いが始まるプロセスを分析しよう。サロン通いという行為では、私が、セルフビュー（self-view）、ワールドビュー（worldview）、および妥当さ（appropriateness）と名付けた三要素の相互作用が重要な枠組みとなる。セルフビューとワールドビューは、おおまかに、ブルデューの用語「ハビトゥス」の二つの側面だといってもよい（Bourdieu, 1990；Crossley, 2001）。本書では、一人の女性が自分自身の行為をどのように見ているかと、彼女がその行為をより広い世界観の中でどのように位置づけているかを区別することが効果的だと思う。この意味で、セルフビューは内向きの視線であり、ワールドビューは外向きの視線である。しかしながら、ともに、社会的位置に基づいて内部化された枠組みの一部である。社会的位置は、女性がどのようにジェンダーを「実践」するかを左右する。この社会的位置については、妥当さという概念を用いる際に取り上げる。

セルフビュー

セルフビューとは、自分自身を自分でどのように捉えているかということだ。自分はサロン通いをするような人間だろうか？　自分自身のためにお金を使い、化粧品や美容に投資する種類の人間だろうか？　調査に協力してくれた女性は全員、ビューティー・サロン通いを正当化する必要性を感じていた。この正当化のプロセスからは、女性がビューティー・サロン通いについてマイナスの印象を小さくするためにどんなことをしなければならないかが明らかになる。外見や美と関連があるというので、虚栄だという非難を受けるかもしれない。また、不精だとか、自分のことに執着しすぎだというようなマイナス・イメージもつきまとう。さらに、バートキー（Bartky, 1997）とウォルフ（Wolf 1990）がともに指摘しているとおり、そのような「些事」に時間をかけすぎることは自ら女性の地位を低下させ、女性の知識や技術を浅薄なものに見せてしまうという考えもある。

美しいセクシーな身体を備えることで、女性は注目を集め、ある種の賞賛を浴びる。しかし、それによって本当に尊敬されることは少なく、社会的権力を得ることは滅多にない。女性らしい身体を得るための労苦は、まさにその行為のゆえに軽んじられるのだ。
(Bartky, 1997, p. 73)

ビューティー・セラピストにとって、美しいことと知的なことは両立しないという考え方は脅威だ。この知と美の二分法において、ビューティー・セラピーは美の側に位置する。それゆえ、セラピストは「知」の側と結びつく知識や技術も備えているという主張は力を失うのだ。セラピスト以外の女性にとっても、身体や外見との結びつきが強すぎると、プラス・イメージとは言い難い女性性との関係が強調される。女性性と男性性は、心身二重構造と関連する(Grosz, 1994, p. 4)。つまり、身体と結びつきがあることは、自然すなわち女性性とのつながりが強く、理性的思考や高尚な精神の働きとは整合しないということになる。現実場面において、この綱引きは、二股の意識として表れる。客もセラピストとともに、妥当な女性性を手に入れる必要性を実感しているのだが、そのための行動を侮蔑を伴わない言葉で表現する言語や概念的枠組みがないのだ(Smith, 1987)。整然と論理的に認識してはいないかもしれないが、こうした結びつきのリスクを女性たちは十分に自覚している。インタビューに応じてくれたサロン利用者の多くが、自分はサロン通いをするタイプ（したがって、身体のことばかり考えているタイプ）ではないと主張したのも、そのためだ。彼女たちは自分のサロン利用について正当な理由を挙げたが、それらは前述したサロン利用の四つの理由のどれかに分類できる。サロン利用者のなかで自分のサロン通いの理由は美と関係があると答えた女性は誰一人としていなかったことについても、同じ理由が当てはまる。なぜそのトリートメントを選んだのかという質問に対して、女性たちは自身の過去の経験や多様な社会学的な表現を用いて答えた。ビューティー・セラピストたちが「美」にはアクセントを置かず、仕事の「セラピー」面を強く押し出すのも、マイナス・イメージの連想を抑えるためだ。

実際、セラピー的な要素がとっても強いと思うわ。自信がついて、自分を卑下することもなくなるのよ。人によっては、虚栄とは何かということを誤解しているかもね。以前は、「ビューティー・セラピーを受けに行く」と言ったら、すぐに美容や虚栄心という言葉を思い浮かべたでしょ。二つはくっついていたのよ。でも、最近のサロンはそれだけじゃなくなってる。ストレス関連の問題が重視されるようになって、マッサージはストレス解消にいいってことが注目されるようになってるのよ。リフレクソロジーやアロマテラピーや指圧を取り入れたセラピーも出てきてるわ。

（ケリー　ＢＴ）

美の側面を否定することは、ビューティー・サロンやサロン利用者についての伝統的なイメージ、一般の人々が抱いていると思われるサロンのイメージと結びついている。たとえば、「有閑マダム」という表現には、ふつうの女性がサロンに通うようになる以前の時代に、ビューティー・サロンの客がどのように見られていたかが表れている。特定の社会階級に属し、ヒマと金をたっぷり持つ白人種を暗に指しているのだ。また、外見過信や女性性の罠も暗示する。こうした経済的な地位、自由になる時間、そして理想の女性像への執着という要素が指す先にあるのが、中産階級の女性だ。しかし私の調査では、頻繁にビューティー・サロンを利用しているのは、むしろ中流キャリアウーマンであることが判明した。美容産業が成長しサロンで提供されるサービスの種類が豊富になった結果、中産階級の内部の細分化が浮き彫りにされた。昔は、サロンに通うのはヒマのあるアッパーミドルの女性だと考えられがちだったが、今日のビューティー・サロンの客層は、仕事を持つ女性、いわゆる「有閑マダム」とは一線を画したい中産階級や労働者階級の女性が中心のようだ。

ビューティー・サロン未経験者には、サロンは完璧な女性美というイメージも与える。利用者たちは、当初、サロンには「めちゃくちゃ脚が長い」モデルのような女性がいるのではないかと不安だったと語った。ビューティー・サロンは、客も従業員もある種の理想の女性美を実現した女性たちが集まっているところと思っていたが、サロンのドアをくぐって客も従業員も「ふつうの女たち」だということを発見して、ほっとしたという。セラピスト自身、これが一般の人たちが抱くイメージであることを認めており、そして、このいわれのないイメージが、女性がサロン通いを始めるのを妨げる原因の一つだと指摘する。また、若くないセラピストが好まれることが多い理由の一つもここにあるという。イベットは、自分が「年がいってるから」と表現した。

入ってみたら、みんな脚がめちゃめちゃ長い、顔はきれいだけど頭の弱いブロンド美人ばかり……そんな気がひける経験、誰もしたくないわよ。ふつうの女。サロンに来るのはふつうの女性たちなのよ。年配の方たちは、うちの店にいらして私を見るとほっとなさるわよ。私、年がいってるからね［笑い］。（イベット　BT）

地元のサロンについては、社交的な集いの場と見なせるという研究報告があり、排他的イメージ一辺倒ではない。たとえば、サロンについて調査したファーマンは、「女性の友情、助け合い、仲間同士という情緒的な雰囲気」に女性を引き込む上では、人種と年齢の双方が鍵を握ることを見いだしている(Furman, 1997, p.1)。この傾向は、アメリカをはじめ、サロンが開かれたコミュニティー空間となっている国々で強い。そこでは、同じ社会集団に属する仲間の紹介でサロン通いが始まる。これはまた、大規模チェーン店よりも、地元密着型のサロンに強く認められる。

このように、セルフビューティは、客がサロンについて持つイメージ、それから、サロンイメージとの間合いの取り方――それは、余暇の使い方のなかに表れる――と関連している。

余暇は、とりわけ自由選択の領域として発明された。外因・内因によっていかに制約があっても、近代の自己は、各種代替案のなかからの選択という行為を通じて生活を構築することを、制度的に要求されている。生活の一つ一つの側面は、個々の商品のように、自己言及的意味が染みついている。私たちの選択一つ一つが、アイデンティティの表現、個性の印であり、私たちがどんな種類の人間かについての自分自身と他者へのメッセージである。そして、一つ一つが投げかける光に、消費する人間の自己が照らし出される。（Rose, 1990, p. 231）

「自分がどんなタイプの人間か」を語るとき、女性たちはたえず自分と他人を区別しようとする。他人との区別に役立つ行為、サービス、製品を消費することで、自己《セルフ》の創出という重要な機能を担う差異を作り出すのだ。外見だけにこだわる女性と思われないようにすることで、プラス・イメージはなくても、少なくとも女性らしい趣味や消費行動に付随するマイナス・イメージを減らしてくれる特質を自分は持つと考えるのだ（Sparke, 1995）。

自分を象徴的な「有閑マダム」と区別するために特定の言葉が用いられもする。サロンは、客も従業員も「ふつうの」女性であることを強調したり、単に見た目を変えるのではなくて「健康」に役立つトリートメントを提供することで、「有閑マダム」のイメージを払い落とそうと努めてきた。潜在顧客のセルフビューをサポートしようとするなら、サロンオーナーは、客を熟知し、それに応じた宣伝をする必要がある。分節化した市場にアピールするには、所有者、立地条件、提供するサービス、およびサロン内部のしつらえといった要素が決定的に重要だ。補完療法の利用拡大の波を受けて、健康に役立つことをうたい文句とするサービスが増えている。一つには、従来の西洋医学の副作用や弊害への懸念が高まったこと、また一つには、ライフスタイルと結びついた新しい健康観が注目されるようになったことで、マッサージ、レイキ（霊気）、アロマテラピー、指圧などの補完療法がいっそう広まり、人気を集めている（Cant and Sharma, 1995）。ビューティー・サロンは、こうした拡大市場で、絞られた客層に応じて、潜在的な顧客にアピールするよう自己調整してきた。加えて、身体の商品化が進み、身体を対象とするサービスの種類が増えている（Feaatherstone, 1982）。こうして今では、ビューティー・サロンの利用者は、虚栄というマイナス・イメージを伴うことなく、余暇、消費、あるいは健康という観点から、サロン通いを容易に正当化できるようになっている。

ワールドビュー

ワールドビューは、セルフビューと関連すると同時に、思想や哲学の集合体を形作っている。この集合体によってセルフビューの特徴が定まり、女性は自分の行動をより広い道徳的枠組みのなかで位置づけることができる。ワールドビューは、美容関係の製品やサービスに可処分所得を投じることへの賛否の見解（妥当である、あるいは妥当ではない）とつながってもいよう。たとえば、病院勤めのリザは、自分は裕福な家庭で何不自由なく育ったけれども、仕事を通じて貧困や病気に身近に接するようになった結果、ものの見方や考え方が覆された、マニキュアなど「必須ではない」美容にじゃぶじゃぶお金を使う大学以前の知り合いを批判の目で見るようになった、と話してくれた。また、ファッション業界で働いた経験を持ち、華やかなデザイナー・ブランドの陰で縫子の低賃金と労働条件の悪さを目の当たりにして転職に踏み切ったマデリーンは、この昔の経験から、ファッション産業や美容産業全般に対して不信感があると、次のように語った。

あの不法滞在の人たちが働いていたのはね、壁はカビだらけ、結露がひどくてミシンの周りは水浸しになってるせまっくるしい部屋だった。誇張なんかじゃないわよ。自分の目で見たもの。ひどい光景だと思うでしょ。でも、もっとひどいところもあるのよ。最悪なのは地下室だったわね……だけど、もちろん誰も何にも言わない。だって、不法滞在者だから。ちゃんとした衛生設備がないところもあったわ。タオルとか使ったものを化粧室の袋や箱に入れるしかないの。ひどいの一言に尽きるでしょ。雇い主にね、私、言ったのよ、「従業員をこんな目に遭わせてる業界で働くのは嫌なんです」って。

（マデリーン）

マデリーンは、美容品を買うのは発展途上国の原材料供給者とのフェアトレード・ポリシーや環境保護精神に基づいて展開する『ボディ・ショップ』チェーン店だし、サロンも系列店を選んでいるという。こうすることでサロン通いを正当化しているのだ。この種のポリシーを掲げる店なら、買い物をしても罪の意識を感じないですむし、そこで買うことは自分のワールドビューを強化することにもなるという。ワールドビューには、女性は自分の外見に時間をかけすぎたり、女性を外見で判断すべきではないというフェミニズム見解や信条が含まれる場合もある。

どれもこれも、美容産業の一部分だと思うわ。10年前だったら、フェミニスト精神が強かったし、減量しようなんて思いもしなかったでしょうね……長いことずっと遠ざけていたわ。減量の社会的圧力があるっていつもわかってたけど、あるがままの私が私だと思ってたのよ。だけど、二～三年前かな、「やせてみようかな」ってふと思いついて、減量したの。でも、これって一種の二分法でしょ、あれ、この用語でいいのよね？　一方では、減量を強いられるべきじゃない、圧力をかける社会のほうが間違ってるんだってわかってる。でも、もう一方では、正しくても間違っていても、減量する私がいるのよ。

（ローラ）

インタビューに応じてくれた女性はみな、自分のサロン通いについてセルフビューとワールドビューを調和させようとしていた。つまり、自分の利用する美容サービスを、ワールドビューという枠組みと矛盾しない方法で表現しようとした。サロン利用についてのセルフビューとワールドビューのすりあわせに用いられたのが、前述したサロン利用の四つの理由――定期的な身だしなみ、ヘルスケア、自分《パン》へのご褒美《パリング》、および補整――である。しかしながら、インタビュー内容にも女性の経験にも、常に矛盾点が存在していた。女性たちは、美容産業の性質や価値に疑問を抱き、さらに一部の要素は拒否さえする一方で、サロン通いをする。この事実そのものに、女性たちが美容産業を全面的に拒絶できないでいることが如実に表れている。この矛盾から示唆されるのは、たとえば政治変化を促す手段として美容産業から戦略的撤退をせよと主張するチャプキス（Chapkis, 1986）らは、身体的な女性性の実現が女性に対してどのような支配力を持つかを過小評価しているということだ。女性たちは、何故、こうしたアンビバレンスを甘受したのだろうか？　バートキー（1990）によれば、女性性の外的象徴を否定することは、自己を消滅させることに等しい。

「女らしい」と感じられる身体――ほどよい手入れを通じて社会的に構築された身体――を持つことは、ほとんどの場合、女性としての自己意識にとって決定的に重要である。そして、今のところ、人間は男性か女性かのどちらかに分類されるため、存在する個人としての自己意識にとっても決定的に重要である。こうした身体を所有することは、性的に望む主体および望ましい主体としての自己感覚にとっても重要であろう。このため、女性を女らしい身体にさせる仕組みを打ち壊す政治的試みは、女性を完全に抹消するとまではいかなくても、非性化の脅威と受け止められかねない。

（Bartky, 1990, p. 105）

この考え方を容れれば、先述の矛盾は理解できる。女性は、美容産業内部に作用している非常に抑圧的で保守的な力を感じ取る。だが同時に、美容行為を全面的に拒否することは、自分の存在意識そのものをリスクにさらすことになる。この意味において、女性は女性的存在としてのアイデンティティを与えられるのであり、自己アイデンティティを自分で確立する自由、あるいは与えられたアイデンティティを拒絶する自由すら持たない（Butler, 1993; Bourdieu, 2001）。女性の位置は生物学的観点から規定される部分が圧倒的でありながら、それでいて同時に、この自然らしさのうわべを保つためには「技巧」への投資が必要となる。とはいえ、このような制約はあるものの、サロンでのトリートメントのほとんどは身体的快適さをもたらすもので、このことが女性にサロン通いを続けさせる重要な要素となっている。

サロン通い、さらには美容産業への参加に伴う選択や制約を理解する鍵は、この参加を、セルフビュー、ワールドビュー、および**妥当さ**（appropriateness）の複雑で不安定な相互作用として、あるいは、ジェンダー化された客観的構造内部のハビトゥスの複合的働きとして捉えることである。妥当さは完全に社会学的な概念であり、階級、年齢、人種、性別などが関わってくる。女性は美しくなるためにサロンに通うのではない。サロン通いを虚栄心の産物と見るのはアウトサイダーだけだ。サロン利用者は、それぞれ、外見や暮らしの妥当な水準に応じた身体機能を得たいと思っている。女性は特定の社会的位置を占め、多種多様な分野で働いている。この妥当さのレベルを実現するためにサロンの内外で提供されるサービスのどれにどのように投資するかは、女性一人一人で違ってくる。ここでは、このプロセスにおいて個人的要素が占める比率を過大評価しないことが重要だ。女性は誰も、自分の置かれた状況のなかで、利用できる資源を最大限に有効活用するために、自分に自由になるお金を使うことができる。サロンでよく耳にする「ベストの自分になる」という表現には、この意味も含まれている。このプロセスはおそらくサロンの役割のなかで中心となるものだが、「自分の中で折り合いをつける段階」の項で詳細に理論的に考察する。セルフビューとワールドビューは、歴史的背景によってさまざまな形をとる。

それでは、サロンに対する時間の影響について見ていこう。

時間

サロン通いが始まる前提条件は、女性が、自分のセルフビューとワールドビューに照らしてサロン通いが許されると感じ、そして自分の女性性について「妥当」なレベルを実現するためにサロン通いが重要だと思うことだ。セルフビュー、ワールドビュー、そして妥当さの三つのバランス関係は時とともに変化するので、このプロセスには時間という次元が関与する。サロン利用客とセラピストともに、インタビューでは、時間や人生、年齢を重ねることに関わる表現が頻繁に出てきた。女性は人生の過程で、占める地位や所得や自由に使える金額が変化し、それに応じて暮らしぶりも変わる。私は、女性の人生を予測通りに移り変わる直線コースとしてではなく、むしろ、時間や社会的位置に影響されるさまざまな要素の絶え間ないバランス調整の繰り返しとして捉えたい。時間は、明らかに経過的な要素だが、人生の展開（Mills, 1967）と密接に関連してもいる。時間は、直接的な概念であると同時に、空間的概念（たとえばサロンで過ごす時間）、または人生という長い一代記を表す概念でもある。

サロンで過ごす時間は、客一人一人ごとに違い、またセラピストによって異なる固有の経験である。しかしながら、たまたま一緒に居合わせたことでサロンの客全員が、「外界」から空間的、社会的、および時間的に分離された経験、一種の「気分転換」の経験を共有する。この日常生活からの時間的・空間的な「退避」は、サロン通いのセールスポイントの一つである。サロンで過ごす時間をどう捉えているかは、客それぞれのサロン通いの理由や利用するトリートメントによって多種多様だ。たとえば、定期的な身だしなみとしてのトリートメントを受ける時間は、ちょうど「歯医者に行く」ようなものである。一方、自分へのご褒美《パンパリング》の小さな贅沢としてサロン通いするマーガレットは、「ミニ・ホリデー」みたいなものだと言う。サロンで過ごす時間は主張であり行動でもある。この、日常生活からの空間的な撤退の必要は、サロン利用の重要な刺激因子となっている。

時間は、以上のように多様な形態をとるが、女性がビューティー・サロンを利用するか否か、およびどのように利用するかを左右する重要要素の一つとなっている。以下、時間を、人生《ライフコース》、転換期《ターニングポイント》、自分のための時間、および世代交代の四種に分けて考えてみよう。

人生《ライフコース》

サロンの利用の仕方は、その女性の年齢や人生における時期によってさまざまで、受けるトリートメントや通う頻度は時間とともに変化する。年齢によってサロン利用にどんな変化が現れるか予測はできないにしても、時間はビューティー・セラピーの経験を左右する重要要素である（Furman, 1997）。サロン利用客個人の経歴はサロン利用の妥当性とは直結しないし、経済的状態や美容品に使える所得も個人差がある。しかし、トリートメントを受けたいという気持ちは、年齢の影響を最も強く受ける。年齢を重ねるほど可処分所得が増え、サロン通いの回数も増す。同時に、加齢の結果として、あるいは社会的ニーズに起因して、身体的外見についての不満も高まる。

> 私は今35歳です。周りの友達のほとんども同じだと思うけど、若いときに比べると、ずっと手入れに気をつけているわね。18とか20の頃だったら、すっぴんに、ジーンズとトレーナーでうろついてもさまになるでしょうよ。でも、年とってくると、それなりに手をかけなくちゃね。（アンナ）

人生の移ろいにつれて、「赤ちゃんの匂いが肩に染み込んだセーター」を脱いで「きちんとした身なり」をし、ビューティー・トリートメントを受けたいという気持ちになる（O'Neil, 1993, p. 81）。一方で、若いときよりも家計や子どもの養育費がかさむようになり、サロン通いを圧迫するのも事実だろう。また、若いときと違って、自分の容姿を不満に思うことも少なくなるようだ。インタビューでも、年をとってくると見た目があまり気にならなくなり、自分の外見をそれほど嫌とは思わなくなるということだった。このような年齢になると、「外見」重視のトリートメントに代わって、「心地よさをもたらす《フィーリング》」トリートメントが重要になる。サロン通いの理由が変化するのだ。年をとって身体が利かなくなるとプロの助けを借りたくなるという面もあるようで、75歳のリリーはペディキュアをしてもらう理由を次のように説明している。

座ったきりだからわかりにくいでしょうけど、私、身長が5フィート10インチ（約175cm）あるのよ。年をとってくるとね、足のつま先までなかなか手が届かなくてさ、爪を切るにも難儀するんですよ。それで、サロンでやってもらおうと思い立ったの。毎月ペディキュアに来てるわ。

ここでキーポイントは、サロン通いが客の人生に織り込まれていることである。サロンにやってくる女性の人生を無視して、彼女にとってのサロン通いの重要性を理解することは不可能だ。利用頻度、受けるトリートメントの種類、そしてサロンの重要性は、利用客の毎日の暮らしに根ざしており、人生とともに移り変わるのだ。

転換期《ターニングポイント》

転換期《ターニングポイント》とは、人生ががらりと変わる時で、しばしば、サロン利用が変化する原因となる。サロン初体験は、バカンスや結婚など特別なできごとがきっかけとなることが少なくない。このような転換期に特徴的なのは、自分の身体やそれが他人の目にどう映るかに注意を払うようになることである。こうした人生の過渡期、妥当な外見を得るためにビューティー・セラピストの手を借りるのだ。転換期は社会関係の過渡期とも重なっており、サロン通いは移行を容易にするのに役立っている。転換期はまた、状況変化を承認し、移行しやすくするために通過儀礼が用いられる、境界としての社会空間または過渡的な社会的時間と見ることもできよう。後期資本主義環境においては、転換期の混乱を収拾するために、プロの技術を調達するのだ。

（客自身、そして周囲の人たち双方にとっての）結婚式の準備は、ビューティー・サロンの重要な役割の一つである。

初めてサロンに行ったのは、特別なイベント、つまり結婚式の前だったわ。式の一週間前に、フェイシャルを受けに行ったの。式の時にはベストの自分でいたかったから。それ以前にも行こうかなと思ったことはあったけど、踏み切るには特別なきっかけがいるのよ。（ジョーン）

結婚式はあらゆる社会集団において重要事だが、具体的にどんな準備が行われるかは文化によって千差万別である。たとえば、イギリス在住の南アジア系の人たちの結婚式は凝った一大イベントで、ビューティー・トリートメントは花嫁と両家のメンバーにとって重要な準備の一環となっている。南アジア系の客のサロン利用は結婚式関係が大半である。そのほかの特別イベントとしては、バカンスがある。バカンス前には、普段の自分を変えるため、あるいは旅先では日課の手入れをせずにすむようにと、サロンを訪れる女性が増える。ふだん以上に自分らしい外見を追求するのに、バカンスは絶好のチャンスとなる。新しいスタイルに挑戦することもできるし、イメージチェンジの実験をする余裕もある。つまり、ビューティー・サロンでの準備は、服や化粧品を買い込んでトランクに詰める旅支度と同じように、バカンスの重要な要素なのだ（Banim et al., 2002）。それから、サロン利用に関して第二の重要な時期が出産育児休暇である。スーキーは、出産育児休暇中に、出産準備の一環としてサロンでさまざまなマッサージや補完療法を受けてみたという。

［インタビュー要請の］手紙を受け取った後で、自分のビューティー・セラピーについて考えてみたんだけど、特別なことがあった後にセラピーを受けてるってことがわかったのよ。最初に本格的に通い始めたのは結婚式の前で、一時期、集中的に通ったわ。フェイシャルを受けて、マニキュアとペディキュアをしてもらって、それから式用のメークもやってもらったのよ。二ヶ月以上、しょっちゅう通ったと思う。それから結婚した後、妊娠してからね、またサロンに行き始めたのは。マニキュアとペディキュアとフェイシャルに通ってるわ。

このように、転換期はサロン初体験やサロン利用の変化の重要な引き金となっている。それだけでなく、インタビューで話を促すのにも大いに助けとなる。過去のサロン利用やビューティー・セラピーの経験について聞かせてもらうとき、転換期を提示すると話の枠組みが定まって口がほぐれやすくなるのだ。つまり、転換期は記憶を刺激する重要な出来事でもある。

Ｉ　初めてサロンに行ったときのことを聞かせてもらえるかしら。初めてサロンに行ったのはいつだったか憶えてますか？

パトリシア　ずいぶん前のことだわ。息子が生まれる前だから、何年になるかしら。忘れちゃった。息子の年？　今12歳よ。

初めてサロンに行ったのが実際に第一子が生まれる前だったのか、それとも、インタビューでは子どもの誕生など重要な出来事が思い出すきっかけとして作用し、記憶のなかで第一子出産とサロン初体験が結びついていたためにそのように語られたのか、はっきりさせ難いこともある（Passerini, 1989；Rosenthal, 1992）。

自分のための時間

サロンの時間は自分のための時間だと言い切るとき、その女性は自らの価値観を表明している。自分のための時間という言い分は、パートナーはじめ女性の時間を奪う他者へのメッセージであると同時に、生き抜くためのしかけでもある。サロン通いに割く時間は、絶対的概念でもあり相対的概念でもある。サロンに通うには、家庭生活や付き合いや仕事の必要事と、自分自身のトリートメントに対する願望を調整しなくてはならない。こうした必要事は人生における時期によって増減し、バランスも変わってくる。

子どもが独立してからは、とにかく自分の時間が増えたわね。子どもたちが学校に行ってたころは、なにせ手がかかるでしょ、自分のための時間なんて30分もあったかしら。（ジュディス）

しかしどんなに時間がなくても、サロン通いが最優先事項となったときはサロンに行く時間を見つけ出したという。山積みの用事を調整してサロン通いの時間をやりくりしていることからわかるように、女性にとって一番忙しい年代こそ、サロン通いが最も必要とされている時期だといえる。メアリーによれば、小さい子どもを抱える女性にとって、サロンで過ごす時間は気晴らしになる。

すっかり自信をなくしちゃったの。それで、サロンに行けば回復できるんじゃないかなと思ったのよ。サロンは実際、助けになったわ。ほんとよ。子どものいる女性にサロン通いを奨励すべきかも。あなたから国民医療保険（ＮＨＳ）に提言してみてよ。みんなで声を大にすればいいじゃない。「お茶を飲むぐらいでごまかしちゃダメ。自分のための何かをすることよ。サロンで気晴らしするのも良い方法よ」ってね。

ときには、さしせまった他の用事に押されてサロン通いの優先度が低下することもある。このさまざまなニーズのバランス調整は、一般に「スーパーウーマンの登場」として理解されることを定量化し概念化した時間の政治経済学を巡る論争と、呼応している（Southerton et al., 2001）。イギリスでは、仕事／暮らしのバランスがこの論争の焦点だった。１９８０年代以降、イギリスやアメリカでは、特に他のヨーロッパ諸国と比べて労働時間が増えた（Fagan, 2002）。育児手当は資格や金額に制限があり、だれもが給付されるものではない。家事の大半は女性の肩に掛かっている。[1]こうして、女性はますます時間に追われるようになった。サロンで過ごす時間についての言い分は、このような背景のなかで理解する必要がある。伝説の「有閑マダム」にとっては、状況は少々異なっている。有閑マダムと呼ばれる中産階級の女性の場合、サロンで過ごす時間は成功の顕示である。他の女性が用事に追われているのに自分にはサロン通いの時間がある――これは、そうした用事を他人にさせているという標識なのだ。

自分のための時間が優先事項である場合のサロン通いは、小さな贅沢や自分へのご褒美に分類されることが多く、この退避の必要性を正当化するために引き合いに出されるのがストレスである。育児や仕事など女性の生活面のストレスもあれば、山なす用事をこなすことに関するストレスもある。

ほんとうに自分の用に時間を使えることなんて滅多にないのよ。サロンは完全に私だけのために費やす時間で、だから、サロンでリラックスするひとときは大事なの。それだけの貸しはあるって気もするわね。だんだん年をとってくるし、一生懸命やってきて、「もう、いいかげん、いいはず……」って気になるわ。それに、この頃じゃあ、ビューティー・セラピーはありふれたものになって、価値が認められるようになってきたとも思うの。なんて言うのかな、私のなかには、セラピーなんか受けたくないという自分と、受けたいという自分がいるのよ。でもね、私がセラピーから受ける最大のものは、ご褒美《パンパリング》とリラクゼーション、それに自分のことをかまってあげたという実感なの。

（レイチェル）

脚のワックス脱毛に通うステファニーにとっては、脱毛は必要なことだが、ほかのトリートメントは「それだけの働きをした」と感じられない限り、正当化できないものである。

マッサージをしてもらおうかなって思うことはあるわよ。とってもリラックスするでしょうね。でも、それには、それだけの働きをしたと思えなくちゃね。たくさん授業があった日なんか、よく、リラックスできたらなあと思うけど、そんなときはヒマがないの。学校が休みの時は、時間はあるけど、ストレスを感じないから特に行きたいとは思わないし。

ヤング（Young, 1980）によると、ストレスが引き合いに出されることが増えたのは、人間性についての常識《コモンセンス》とつじつまがあうからだ。外的な圧力は疑問に付されることなく受け入れられ、外圧に対処する能力は、その人の性格や引き出すことのできる支えのメカニズムに応じて、個人的なものとして理解される。ストレスは、ありとあらゆる感情や行動の説明手段、ここではビューティー・セラピーへの依存をも正当化するための、あいまいな用語となっている。しかしながら前出のインタビュー相手の場合は、この正当化に躊躇《ちゅうちょ》がうかがえる。

マーケティングや女性雑誌などは、この女性の「自分のための時間」を主張する風潮を追い風としてきた。マッカネルとマッカネル（MacCannell and MacCannell, 1987）は、１９８０年代後半から、美容雑誌に描かれる身だしなみや美容の目的が変わってきたと指摘する。それ以前は、男性を引きつけ伴侶を獲得することが目的で、そのための容姿を手に入れる上でのアドバイスが中心だった。１９８０年代後半以降は、目的が、自分自身の改良と、自分が満足するための手段としての美容行為に移ってきた。ヒラリー・ラドナー（Radner, 1989）も同じく、１９８０年代初めから美容製品の広告が変化したことを明らかにしている。ラドナーの研究で、ある広告業界の幹部はこれを、「生《なま》の性」（男性に対する肉体的アピール、男の視線を集めるもの）から「自我意識《エゴセンス》」への移行と表現している。自我意識は、女性を、自分が喜びを得るために美容のためのルーチンをこなす主体的存在として見なす。自分のための時間や

「自分はそれに値する」という気持ちは、広告の新しいアプローチのなかに頻繁に現れている。

家庭的な女性から自分自身の楽しみを追求する女性への移行、これが広告に描かれる女性像の最大の変化である。女性性はもはや、もっぱら男性の願望を通じて定義されるもの――つまり、男性の願望を求めることで女性の願望が形作られる――ではなくなった。女性性は、女性という主体、すなわち**男として**ではなく、女として**男と同じように**望みを持つ女性の構築として、定式化されはじめた。

(Radner, 1989, p. 302; 強調は原文のまま)

広告や女性雑誌に起こったことは、美容製品やメークアップを男の視線を集めるための行為から切り離し、女性が**自分のために**取り組む対象としての製品や行為として表現し直すことだった。自分のための時間を主張することは、時間的概念であると同時に、個性化のプロセスと足並みをそろえた弁明でもある――つまり、自分の子ども、自分自身のキャリア、自分の健康、およびパートナーの幸せに対して、女性は責任があるのだ。アン・サマーズのパーティー[2]に関する研究で、ストールは、この種のイベントへの女性の参加は、社会経済的不平等については黙したまま「楽しみと自尊心」を提供すると述べている。ストールによれば、この意味において、アン・サマーズのパーティープランは、ポスト・フェミニスト組織と見なすべきである(Storr, 2003, p. 30)。ビューティー・サロンをこの種のパーティーと完全に同一視することはできないだろうが、今回の調査に参加してくれた女性は、「楽しみと自尊心」をサロンに求めて退避するという形で、自分自身の個人責任に対処していた。皮肉なのは、サロンの利用の仕方やそこで提供されるトリートメントは、社会にがっちりと組み込まれているということである。

世代交代

インタビューでは、家族のビューティー・サロン利用についても質問した。母親（または父親）がサロンに通っていたかを問い、子どものいる女性に対しては、娘の服装、化粧、美容に対する姿勢についても尋ねた。二人の女性が、自分が10代の初めのころ母親がサロンに通っていたと答えた。また、クリスティーナは、ニキビがひどかったので、母親から、皮膚科とあわせてサロンでのトリートメントを勧められたと話してくれた。この手のサロン利用は、健康上の問題が正当化の理由となっていた。黒髪に色白の肌を持つリザは、母親からサロンで脱毛処理を受けるようアドバイスを受けたと語った。リザの母親が脱毛を勧めたのは、黒い体毛は男性性の象徴だと感じていたからだった。このケースでは、女の子が毛深いのは後々のためによくない、ワックス脱毛によってすべすべの肌にする必要があるという身だしなみの理由が、サロン通いを正当化していた。しかも、このケースの裏には、色白の肌には黒髪よりもブロンドのほうが相応しいという、人種的象徴の要素もうかがえる。つまり、「不適切な」毛は、男性性と人種の双方の象徴なのだ。

イングランド南東部の富裕地区で育ち、母親も友人たちも定期的にビューティー・サロンに通っていたと話してくれた一人を除くと、サロン通いが女性のあいだでふつうになったのは最近のことだという見方が全体に共通していた。20代から30代の女性たちは、特に、自分の美容慣習は、前の世代とはかなり違っていると感じていた。美容に費やす時間、購入する製品、サロン通いのいずれの点でも、自分たちは母親の世代よりもはるかに多くの時間とお金と労力をかけているという。また、サロンの店舗数が増えているのは需要拡大への応答であるが、同時に、サロンの増加がニーズを刺激している面があるという点でもインタビューに応じてくれた女性たちの意見は一致していた。また、こうした変化は女性が自分自身のために時間とお金を使う自由を手に入れた結果であり、サロン通いは、経済的に自立し、自分のことは自分で決める独立した女性のニーズに応えるレジャー・サービス産業の一部だと見ていることが明らかになった。

ビューティー・セラピストも、美容ビジネスの成長について同じ理由をあげた。レジャー産業の発達と激化する一方の美容行為の商品化は、サロンのプロ化を推し進め、それが女性のふるまいに世代間の差を生み出しているというのだ。

何年か前まで、ビューティー・セラピーに職業倫理なんてほとんどなかったと思うわ。一種の贅沢サービスだったのよ。野暮ったい時代遅れのやりかたの小さなサロンが多かったし、サロン通いは金持ち女のすることだと思われてた。今では大違いね……ずっとスマートに、ビジネス志向になってきてるわ。サロンにも少しは計画性というものが出てきて、マーケットを広げるにはどうすればいいか分析するようになってる。大手の影響も大きいわね。レジャー産業の成長に引きずられてる気もするな。ほら、今ではホテルは一大ビジネスでしょ。ホテルにはジムがあるのよ。それで、レジャー施設と並んでホテルに入ってるサロンも多いの……お客さんにはそのほうがずっと利用しやすいみたい。フィットネスが流行るようになってジムに通う人が増えてきたでしょ、身体に対する意識が高まって、ビューティー・セラピーを受けることも多くなってる。ジムで汗を流した後はマッサージもいいわね、ついでに顔のお手入れもって感じよ。

（アマンダ　BT）

こうしたサロンの質的変化からは、身体が商品化し、身体に関する活動に企業の手が伸びていることがうかがえる。初期のサロンの発達は、主に地元に根ざした女性個人の起業家精神に支えられたものだった（第2章）。なかには、マダム・C・J・ウォーカーのように巨大ビジネス帝国を築き上げた例もあるが、ほとんどのサロンは、女性オーナーの小さな地域密着型の店だった。ところが、今日のサロンはむしろ多国籍大企業が所有し運営するケースが多く、地元密着の面は薄い。美容業界が女性の雇用で大きな比率を占め、女性のオーナーや経営者が多いという点は依然として変わらないが、小さな店でさえ多国籍大手の営業方針の影響を受けている。大企業はまた、広告を出し、サロンに製品を供給し、養成や資格認定プロセスにも関与している。今日、ビューティー・サロン利用客も、この大企業の影響力を免れることは難しい。

女性たちは、きちんとした身だしなみや、ある程度の外見を維持することにますます圧力を感じているようにも思えた。この圧力は、メディアをはじめ各種文化要素のフィルターを通して作用したり、仕事場の規制となっていることもある。また、女性たちの個人的自由に関する経験にもフィードバックされる。自由の獲得には苦難がつきものだ。「なんでも手に入れられる」世代の一人として、彼女たちは、自分は「望むものすべてを手にして当然」と思われていると感じ、外見は万事ではないものの、重要な成功の指標であると考えていた。

クレア　母はいつも言ってたわ、「お前は自分の人生で何でも好きなことができるのよ」って。でも、それってものすごいプレッシャーじゃない？　何でもできるっていうけど、じゃあ、いったい何をしたかって振り返ると、何一つやり遂げてないわ。私ってダメ人間なんだ！　言いたいこと、わかるでしょ。でも、私たちの世代はみんなそんな風だと思うな。思った通りにはいかなくて、でも自分が何を望んでいるかがはっきりわかっていないから、煉瓦の壁に頭をぶつけて惨めな気持ちになってるのよ。

Ｉ　何かしなくてはいけないと考えることが、問題全体の一部になっていると思いますか？

クレア　そう思うわ。何でもできるんだから、家を持たなくちゃ、キャリアを積まなくちゃ、いい女にならなくっちゃってことになるのよ。

特に若い女性では、このプレッシャーがサロン通いの推進力の一つとなっていた。この世代が成長期を過ごしたのはいわゆる「ポスト・フェミニズム」環境であり、少なくとも裕福な先進工業国では、安全な避妊薬が自由に手に入り職場での男女平等などフェミニズムの成果が定着しており、若い女性たちは職業の選択や性別意識の自由を保証され、母親世代に比べるとずっと制約が少なかった。しかしながら、自由だということは、裏返せば責任があり失敗の不安にさいなまれるということだ。1970年代から80年代にかけてのフェミニズムは、フェミニズムと女性性を厳密に区別する考え方を特徴としていたが、この世代の女性たちはそうした二分法には賛同しない（Moseley and Read 2002）。モズリーとリードは、テレビドラマ『アリー・マクビール』（邦題『アリー・マイ・ラブ』）を題材に、イギリスとアメリカの若い女性の選択はフェミニズムを枠組みとする考え方に則っているが、美容文化や女性性を拒否する昔のフェミニスト運動の考え方は踏襲していないと報告している。すなわち、自分たちは「何でもできる」と考えており、その「何でも」のなかにはキャリア、経済的独立、自分の財産を持つこと、性の自由、女性的な外見への投資が含まれるのだ。こうした報酬を獲得することで得られる自由と楽しさは、それらのすべてに成功しなければというプレッシャーでもある。しかし、モズリーとリードの論には、女性らしい身体を手に入れたいという欲求は商品化システムの産物だという認識が欠けているように思われる。『コスモポリタン』誌におけるヘレン・ガーリー・ブラウンの編集方針の影響力分析においてオーレットが指摘しているとおり、「ブラウンの『コスモポリタン』が登場した1965年には、女としての完璧さは、雑誌広告に載っている消費製品を買い続けることと切り離せなくなっていた」(Oullette, 1999, p. 365)。興味深いことに、ガーリー・ブラウンは、こうした消費行動は文化資本のシンボルの購入に親しむこととなり、そのことが――たいていは中産階級の男との結婚によって――女性の上方移動が促進されると主張している。新登場の「キャリアウーマン」にとって、ビューティー・セラピー産業のサービスは、適切な女性性の実現に役立つ。ただし、無償《ただ》ではない。すべてを手に入れたいという望みは、自由市場経済の範囲内で育まれる。十分な可処分所得を持つ若い女性は、業界の提供する余暇と楽しみを金で買い、買えないことは不幸だという意識を植え付けられる。

きわめて少数だが、サロン利用客のインタビューでもこのプロセスについての言及があった。

ある世代の大学教育を受けた女性たちは、母親に育てられたというより、女性はどうあるべきかについて確たる考えを持つ年上の世代に育てられたといえると思うわ。私も染まっているんだけど、女性はこうあるべきだって考えが、しょっちゅうフェミニストタイプの小説を読むうちに精神に染みついてしまったのね。私は教師という職業柄、子どもたちと接しているけど、今の子にはそんな考えは全然ないわ。６年生の女の子で、お化粧にまったく関心がない子なんかいませんね。脚の脱毛についても、ある種の女性性への追従だからすべきじゃないなんて考える子はいないわ。そんなことを言ったら、笑い飛ばされるだけよ。　（ローラ）

後に、こうしたことが若い女性にどんな影響を及ぼしたと思うかとローラに質問したところ、彼女たちは「たぶん、私たちの世代よりも幸せで、あまり不安感もないでしょう」という答えが返ってきた。子どものうちから身体や美容に関心が高いことについては、娘を持つ女性たちも感じていた。一般には、夢中になるがままにさせており、装ったり外見やアイデンティティをあれこれ試してみるようなものだと捉えられているが、母親たちは、この女性性のイメージの境界に関しては、注意深く警戒している。

フィオーナ　あるとき、友達の家に行った娘がお化粧して帰ってきたの。とんでもないと思ったわ。

Ｉ　幾つだったの？

フィオーナ　５つぐらいだったと思うわ。冗談じゃないわ、なんてみっともないのと言って、風呂でごしごし洗い落としてやったわよ。マニキュアもしてたのよ。まるで幼児ポルノじゃないのって感じたわね。そのときの娘の写真を撮っておいたんだけど、後で見てびりびりに破いたわよ。どうしようもなくひどいものだったわ。

サロンの利用客は、親の世代とも娘の世代とも世代の違いを感じると語った。世代の違いの原因としては、女性の生活における自由度や加わる圧力の大きさを上げ、それらが美容への関心も左右していると彼女たちは見ていた。

サロン通いを始めることは、自己と向き合い、セルフビューとワールドビューを共鳴させるプロセスである。女性にとって自由になる時間は人生の時期に影響され、「自分のための時間」は他のニーズとのせめぎ合いで左右されるから、このプロセスは時間とともに変化する。また、特定の歴史的文脈のなかに位置してもいる。こうしてみると、ビューティー・サロンの役割を理解するには、女性がサロンのドアをくぐるより前の段階から取り組む必要がある。

自分の中で折り合いをつける段階

さて、ビューティー・サロン通いを始めた女性は、サロンでいったい何を手に入れようとするのだろうか。この点に取り組むとき、いくら強調してもしきれないのが**妥当さ**（appropriateness）の重要性だ。「自分の中で折り合いをつける段階」は、サロン通いや美容産業のありかた全般についてだけでなく、女性にとって理想の女性美とはいかなるものかを理解する上でも鍵となる。前述したとおり、何が妥当かは時と場所によって異なってくる。これから、妥当なジェンダー行動が達成される地理的空間および社会的空間について論じていこう。

ここでは、妥当さという概念を、参加者の持つ概念と、それよりも理論化された概念の双方を表すものとして使用する。セラピストも客もともに、客にとって何が適しているかを話題にする。つまり、何が「似合う」かや、何が「彼女にぴったり」かなどについて話すのだ。これらは、客にアドバイスしたり、あるいは客にとってベストと思うやりかたでトリートメントを施すときに、セラピストが自分の専門知識を活かせる話題であり、客の方も自分の望みについてセラピストの意見を聞きたがる。このように妥当さは経験的概念であるのだが、私は、それを、とりわけフェミニストの用語としても理論づけてみたい。そうするにあたってブルデューの思想を援用するが、階級以外の特性も十分に考慮に入れるため、多少の修正を施すことにした。ブルデューの考え方については、階級を最優先しジェンダーや人種を軽視しているという批判をよく耳にする。特に、初期の著作では、ジェンダーに言及されていても性差として片づけられている（Mottier, 2002）。２００１年の『男性支配（*Masculine Domination*）』は、ある面でこうした批判に応えた著作だが、「私の研究の全体的論理から必要に迫られたのでなかったとしたら、たぶん、このような難しいテーマに取り組みはしなかっただろう」とブルデューは記している

（2001, p.1）。もっとも、同書ではジェンダーを十分に考慮に入れていながら、過去30年のフェミニスト文献はほとんど無視している。そこで、私はブルデューの考え方を用いながら妥当さの理解を試みるが、フェミニストたちの著作も同じく参照する。

しかしながら、その前にまず、私の論考の土台となる観察データの性質についてはっきりさせておくことが重要であろう。妥当さとは多様な用法を持つ概念であり、女性性への投資の楽しみや危険を理解するにも使えると思うが、一言注意しておく必要もあるだろう。今回の調査に参加してくれた女性は全員、ビューティー・セラピストかサロン利用客のいずれかである。言い換えれば、そもそも、美容／身体の手入れへの投資の結果として望みのものを手に入れることに、非常に前向きに取り組んでいる女性を代表するグループだ。つまり、この女性たちは（身体的）妥当さについて意識が高いといえるだろう。時間と可処分所得をこうしたやり方で自分の身体に投資している女性に焦点を当てたことで、外見への関心や妥当さという概念の背後に潜んでいる怖れがいくぶん誇張されているかもしれない。

ブルデューの関係的ジェンダー観では、社会的世界は、男性に関係するシンボルと女性に関係するシンボルに二分される。男性身体と女性身体もまた、このシンボルの関係的集合の構成要素である。実際、身体を性によって区分することは、このジェンダー化システムの**産物**である。「社会的世界は身体を性的に定義される現実として、そして見方《ビジョン》と区別《ディヴィジョン》を性的に定義する原理の保管庫として、構築する」（Bourdieu, 2001, p. 11）。この区別は自然に見えるし、その自然さは、**ドクサ**（doxa）、すなわち性的区別を当然とする考え方によって強化される。男と女があることは「誰もが知って」おり、身体の男女区別はこの見方を支えるものとされる。女性に女性性を押しつけているのは、ブルデューのいう**象徴的暴力**である。

私は男性支配を、そしてそれがどのように押しつけられ人を苦しめるかを――、矛盾に満ちた服従の究極の例示、すなわち私が象徴的暴力と呼ぶ作用、犠牲者にとってさえ見えず感知できない穏やかな暴力、主としてコミュニケーションと認知（より正確には誤認）、再認、さらには感情という純粋に象徴的な経路を通じて行使されるものとして捉えてきた。このきわめて日常的な社会的関係は、こうして、支配者と被支配者の双方に知られ認識もされている象徴的原理の名において行使される支配の論理――言語（または発音）、ライフスタイル（または考え方、話し方、振る舞い方）――を、そしてもっと一般的には、象徴《エンブレム》にせよ烙印《スティグマ》にせよ、特有の性質を把握する絶好の機会を与える。

(Bourdieu, 2001, pp. 1-2)

女性は、ハビトゥス、すなわち客観的な社会構造の内部化を通じて選択するようになるが、その選択は女性のジェンダー化されたアイデンティティによって制約される。ハビトゥスについては、すでに、サロン通いが始まる以前のプロセスとの関連において詳細に取り上げた。ここでは、ハビトゥスは象徴的暴力の性質を理解する上で役立つ。

> 象徴的暴力は、微妙で、婉曲的な、目に見えない支配の方式であり、支配を支配として認識できなくし、それゆえに、認識されない支配として社会的に認識される。象徴的暴力は、主観的構造――ハビトゥス――と客観的構造が相互に調和しているときに作用する。（Krais, 1993, p. 172）

象徴的暴力の力、そしてハビトゥスと客観的構造が一致してこの支配を生み出すときに発揮される力については同感だが、私が興味深く思うのは、ハビトゥスと社会構造の一致が不完全な場合に可能となる空間である。実際、完全な一致は絶対に不可能だとさえいえるだろう。女性性は身につけやすい役割ではなく、完全に獲得されたことなどないことは、精神分析研究からも明らかにされている（Rose, 1983）。客観的構造もハビトゥスも、統合された完全な一枚岩となることはあり得ない。おのおのの内部だけでなく、両者の間にも矛盾が存在する。その一例が、内部化された女性ジェンダーの基準と、それらの身体表現の間の緊張関係である。今回の調査では、女らしい身体を得るための自分の投資について、女性はアンビバレントな感情を抱いていることが明らかになった。そこに、前述した空間の存在がうかがえる。批評の空間が、たとえば階級、フェミニズム思想に基づいたジェンダー秩序への批判、人種差別に対する感覚、あるいは異性愛的でないアイデンティティなどから生まれる。

ハビトゥスの働きは無意識的であり、ハビトゥスを通じてなされた選択は社会秩序の制約を受けているという意味で、支配される側が共謀（complicity）関係にあるのは避けがたい。

　すなわち、「共謀」は、象徴的暴力の行為に直面した人が、それらの行為に、それらが何であるかを意識的に――すなわち、支配の言葉、身振り、行動、音調として――認識することなしに、その暴力を感知し、関係する信号を解読し、それらの隠された社会的意味を理解しようとすることを意味している。

（Krais, 1993, p. 172）

　ジェンダー化された階層を基盤とする社会のなかで成長することを女性が余儀なくされている以上、女性の女性らしさにその女性自身の共謀があることは不可避である。女性はまたジェンダー化されたハビトゥスを獲得する。そしてそのハビトゥスが、女性の話し方、趣味、世界の受け止め方や関わり方、そして自分の存在の感覚そのものを導く。

　しかしながら、人は単なるジェンダー化された主体ではないから、完全な共謀関係は成立しない。アイデンティティを構成する諸要素のうち、ジェンダー以外の社会的位置づけと関連する要素を切り離して取り出すのは不可能だ。そういう試みがなされたが、生物学的還元主義アプローチに終わるのが関の山だった。ブルデューの捉える共謀関係は、葛藤の土台でもある。「人種」を例にとってみれば、支配された側がどのように自らを表現し、そして自分を支配されたものの目で見るようになるかがよくわかる。

この、常に自分の自己《セルフ》を、他者の目を通して見ているという感覚、自分の精神に、侮蔑と憐憫からおもしろがって傍観する世界の物差しを当てるという感覚は、奇妙な意識である。自分が二分されているという感じさえ抱く。

(Du Bois, *Gates and Oliver*, 1999, p. 11)

このような考え方は、支配する側の見方との共謀に結びつくが、同時に支配側の見方への抵抗にもつながる。

ビューティー・サロンではアンビバレントな女性性が追求される。このことを理解するには、すべての女性はジェンダー化され、不平等な客観的社会構造を基盤とした社会に生きており、ジェンダー化されたハビトゥスを内部化していることを認める必要がある。不可避的にジェンダー化された位置とはいえ、女性が住まうのは、階級、民族、セクシュアリティとの関連において階層化された客観的社会構造でもある。ハビトゥスにはこれらも組み込まれている。女性はまた、さまざまな場所を移り歩き、さまざまな資本を蓄積する。この空間内の移動については、後で触れる。これらすべてによって、女性は理想の女性像を受け入れると同時に拒絶することができる。妥当さの実現は、このプロセスの反映である。

ブルデューはあまりにも簡単にジェンダーを二分しているという批判も、ジェンダー・アイデンティティに内在する矛盾を理解する上で役立つ。ブルデューの男と女、男性と女性の区別は常に、カバイル族についてのフィールドワークに立ち返っており、これが理解の基本的な構造原理の源泉となっている。『男性支配』においてブルデューが描くジェンダー化されたアイデンティティ像は、男とは何か女とは何かを学び取っていく男女の肖像としては単純すぎ、性カテゴリー内部のバリエーションの余地がほとんどない。コンネルが指摘しているとおり、男性性は歴史的に偶発的な、内部的に分断化されたカテゴリーとして捉えられているといえる（Connell, 1995）。ブルデューは、女性が多種多様なジェンダー化されたハビトゥスを形作ることを可能とする、ジェンダー化されたアイデンティティ内部の矛盾をほとんど考慮していない。この考え方では、サロンにおいて女性はジレンマに陥ることになる。自分の外見に気を配り、注意深く定義された境界線の内側で許容できる状態を実現することを、女性性が要求する。しかしながら、女性性に投資することは、女性を、より低い社会的地位、身体や自然と永遠に結びついた状態に縛り付けることになる。

ブルデューの図式は、男性支配の相対的な安定性を理解し、こうしたシステムが不平等な力関係を維持するために明示的暴力を必要としない理由を把握する上では役立つ。象徴的暴力というブルデューの概念を用いることで、支配される側の「共謀関係」を理解することができる。ずっとささやかな試みだが、私は、ブルデューの考え方やフェミニスト主義の立場からのブルデュー批判に依りながら、女性がジェンダー化された身体外見への投資に共謀しつつ、同時に割り切れなさも感じていることの理解に迫りたい。そのために、**妥当さ**という語をもっと掘り下げて考えてみよう。

「妥当さ」という表現は、私の用法では、ベーヴ・スケッグスの「世間体（respectability）」という語と非常に近い（Skeggs, 1997）。スケッグスのいう世間体とは、労働者階級の女性にとって自分を測る物差しであり、たえず求めてやまないものである。「世間体は、これまでずっと、階級の標識であり重荷であり、熱望する基準であった」（Skeggs, 1997, p.3）。スケッグスが調査した労働者階級の女性の話には、「だらしない」、「身なりにかまわない」、「みすぼらしい」ことの危険が常に出てくる。しかしながら、女性というジェンダーと労働者階級という位置から、彼女たちが真の世間体を手にすることはない。なぜなら、世間体は、個人主義化したブルジョワにのみ帰属するもので、「世間体は、大衆との対比として定義される中産階級の個人の特質となった」からだ（同 p.3）。

スケッグスが明らかにしたとおり、世間体を得ることについての女性のスタンスは著しくアンビバレントである。自分を「異端」と位置づけるディスコースを通して、その病理的状態に気づいている。しかしながら、この考え方を従順に受け入れているわけではない。「世間体のよい」中産階級の女性性を拒否し冷笑しながら、同時に追求する彼女たちのアンビバレントな感情は、彼女たちが「文化的麻薬患者」でもなく、中産階級の女性が一歩先んじていることに反発するあまり、全能のビューティー・システムに抑圧されている存在でもないことを示している（Wolf, 1990）。

調査対象の女性たちは、単に、主体の位置を読み取ることができる暗号ではない。むしろ、彼女たちは積極的に、（拒絶する、または嫌々ながら、もしくは喜んで占める）位置の意味を作り出そうとしている。

(Skeggs, 1997, p. 2)

この意味で、スケッグスの調査対象の女性たちはジェンダー・アイデンティティに関する自分のスタンスと、積極的かつ複雑に取り組んでいる。世間体という概念を用いると、「失敗」や「間違うこと」の痛みをすばらしくよく理解できる。それだけでなく、ブルジョアの個人主義的な主体性に全面的には「かぶれない」ことの喜びや心意気も的確に把握できる。しかしながら、私自身が用いる妥当さは、スケッグスの世間体とは二つの重要な点で異なっている。このアプローチの違いは、ある面では方法論と関連している。スケッグスの調査対象の女性は全員が白人である。地元のカレッジの同じような学部に登録する女性から選び出されており、狭い地域の同種の階級背景を持っていた。一方、私の調査に参加した女性たちは、場所、文化、経済のどの背景をとってもはるかにバラエティーに富んでおり、黒人やアジア系の女性も少数だが含まれている。調査対象となるグループが違えば、力点の置き所が違ってくるのは当然である。

スケッグスの調査は、実証的設定を土台として「階級の隠れた傷」が日常レベルでどのように作用するかを明らかにすることに細心の注意が払われているものの、白人労働者階級の女性性の病理化という分類は、あまりにも中産階級の文化やアイデンティティという一枚岩の概念に頼りすぎている。これが、私とスケッグスの相違点の一つめだ。前述したとおり、同じ中産階級のなかにも複数の女性性カテゴリーがあり、カテゴリー間には緊張関係がある。その一例が「キャリアウーマン」と「有閑マダム」である。さまざまな階級分類方式のどれに照らしても、キャリアウーマンと有閑マダムは中産階級に分類されるが、両者は大きく異なっており、独自の位置を占めている。両者の大きな相違点は、「ブルジョアの女性性」を一つの明白な一枚岩の概念として把握することに疑念を投げかける。サービス産業の成長と戦後教育の変化は、いわゆる「サービス業階級」の誕生を促した。この仮説段階にある階級については、その性質と役割を巡って見解が分かれているが、職業専門的で経営管理的な部門であり、イギリスで20世紀および21世紀の初めにかけて急成長したという点では一致している（Butler, 1995）。サヴェジら（Savage et al., 1992）によると、このサービス業階級はさらに、「財産、官僚主義、および文化」との関係を基準として細分化できる（Butler, 1995, p. 34）。このため、私は労働者階級の女性性の病理化というスケッグスの見解は支持するものの、階級内部の対立する女性性をどの程度問題と捉えるかという点では賛同できない。実際、美容市場が分節化していることは、この階級内部の細分化の現れなのである。

スケッグスと私の第二の相違点は、スケッグスの世間体とは異なり、私は妥当さを階級区分を越えて共通する女性性そのものと関連する用語としても使用していることだ。ただし、女性性の実現は階級が基盤になっているというスケッグスの論を排斥しているのではない。この点は特にはっきりさせておきたい。妥当さは、すべての女性の身体の手入れ習慣を視野に入れることができ、同時に、置かれた位置によって大きな違いが存在する可能性を許容する有用な用語だと思う。それゆえ、たとえば時や場所が違えば何が妥当かも異なったものとなる。しかしながら、いつの時代のどんなコミュニティーにおいても、妥当な異性愛の女性身体を実現したいと願う女性すべてにとって、ひげは障害物と見なされていた。ひげそのものが、この妥当な女性性の拒絶やそれからの解放の象徴となっている。非女性性の身体的シンボルの示威は、アブジェクト（abject）の領域に足を踏み入れることだ。

この排他的マトリックスは主体（subject）を形作り、したがって必然的に、アブジェクトな存在――すなわちまだ「主体」ではなく主体領域の外部構造を形作る存在――の領域を同時生成させる。アブジェクトの領域は、社会生活の「生活不能」あるいは「居住不能」な部分である。だが、この領域には、主体の地位を享受しない者が住んでいる。だが「居住不能」のサインのもとで暮らすには、主体の領域のまわりに境界線を引く必要があるのだ。（Butler, 1993, p. 3）

したがって、ある意味で妥当さはジェンダーや女性性に対して使用するとき、階級位置の区分を越える。たとえば、客のひげについての悩みを、アマンダは次のように表現している。

コンサルティングでお客が必ず口にすることが二つあるわね。誰もが「男になっていくみたい」と冗談めかして言うんだけど、それって、自分の女性性を失っていくという根本的な不安なのよ……それが自分の本当の姿だ、つまり自分はもう女性ではないと思いこんでしまうの。そんな感じになるって、女にとっては恐ろしいことよね、ものすごく傷つくわ。それに気軽におしゃべりできることじゃないでしょ。「ねえ、あなたはどうしてるの?」なんて聞けないわよ。だから、とっても孤独に感じるのよ。私の知ってる女性はね、絶対にご主人より30分早起きするの。ご主人が起きてこないうちに、洗面所であごのひげを全部抜いて、しっかりメークアップするのよ。彼女が悩んでいるなんて、ご主人はちっとも知らないわよ。

(アマンダ　BT)

顔の脱毛トリートメントを受けている女性にとって、この「男になる」という恐怖は非常にリアルだ。サロンに通うのは「許容できる」身体的状態の境界を守るためである。しかしながら、ここで示されているジェンダーが曖昧になることへの恐れは、バトラーの皮肉な越境の行為よりも、むしろバートキーの「無になってしまうことへの脅威」に近い(Bartky, 1997, p.105)。

このようにジェンダーという切り口からビューティー・トリートメントを捉えるアプローチは、階級に根ざすハビトゥスを優先させるブルデュー理論への批判でもある。ハビトゥスの内部に対立が存在する可能性があるからだ。たとえば、白人中産階級の女性性の理想化された基準は、こうした基準に内在的な人種主義に対する批判と共存することができる（Weekes, 1997 ; Craig, 2002）。女性の振る舞い方や身なり・外見についての社会一般の姿勢にもパラドックスがある。ある年齢の異性愛の女性は、男の目に魅力的に映るようにと言われる一方で、男の求めに応じるなと戒められる。強姦犯人の「女がしてほしがった」という胡散臭い「正当化」は、女性性の実現におけるこの危険なパラドックスを如実に示している。黒人女性の身体を性的と捉える人種差別主義文化では、このパラドックスはいっそう危険なものとなる（hooks, 1982）。女性というカテゴリーそのものが劣位アイデンティティであるがゆえに、首尾良く女性性アイデンティティを獲得することが不可能となる。女性性の実現やそのために投資することによって、ある種の限られた報酬が得られ、制裁を免れる。しかし、女性性とつながっているということは、時にはそれが他のアイデンティティ以上の特権であるにもかかわらず、劣位アイデンティティにとどまることを意味している。

私の妥当さの概念は、階級内部の緊張関係や相違点を考慮に入れている。その上、純粋な階級ベースの枠組みを横断するジェンダーの側面を理解することが可能となる。しかしながら、私は、女性性は階級や民族などの他の要素と切り離して、それ自体で意味をなすと言いたいのではない。実際、個々の地域的な背景状況のなかで、そして階級とジェンダーの双方を明確にする広い理論的枠組みのなかで、妥当さがどのように作用しているかという点が決定的に重要な問題なのである。

本書で私が用いている妥当さは包括的概念であり、三つの領域から構成される。この三つの領域は、サロン利用客へのインタビューを基に私自身の概念スキーマに沿って設定したものだ。女性は、何が妥当かという**知識**を必要とする。目標を達成するためには**スキル**が必要だ。さらに、制裁や冷笑の的にならないでいようとすれば、妥当さの実現を示すために**パフォーマンス**しなければならない。これらのプロセスがまったく美容専門家の関わりなしに実行される場合もあれば、プロセスごとに専門家の手を借りる（ヘアドレッサー、ビューティシャン、衣料品店の店員など）場合もあろう。しかし、どんな場合でも、女性はこの三つの領域のすべてにおいて常に、内部（セルフビュー、ワールドビュー、またはハビトゥス）、外部（位置）の影響を受けて女性性に対する自分なりのスタンスを作り上げる。このプロセスは必ずしも意識的な意思決定が絡むとは限らず、単に、知識とスキルとパフォーマンスの間のたえまない相互調整と見えることもある。どれも、意識的に働く場合もあれば、意識することなく自動的に働く場合もある。

知　識

妥当さに関する知識の源は、明白なものも暗示的なものも含めて数多い。ビューティー・サロンを利用するしないにかかわらず、ビューティー・セラピスト、および広く美容産業は情報源となっている。ビューティー・セラピストは、サロンで提供される具体的なトリートメントについての助言者である。

また、製品を売ったり、客に別のトリートメントや新しい製品を紹介する。この点で、セラピストは文化の解説者であると同時にセールスウーマンでもある。また、あるトリートメントの妥当さについての知識を提供する情報源でもある。この妥当さには二つの意味がある。第一は、セラピストは、サロンで提供されるトリートメントの全部ではなくてもほとんどについて、詳細な知識を習得している。トリートメントの効果、そして限界についても知っている。望みの結果が得られるぴったりのトリートメントを提供する専門家であり、プロとしてのセラピストの知識は、妥当なトリートメントの選択における客の決定を手助けする。しかしながら、審美的妥当さという面では、裁定者の役割を果たす。メークアップを施したり眉の形を整えるとき、セラピストは、プロとしての知識に加えて、客の年齢や民族などを考慮に入れて審美的な結果を判定する。

メークアップはとても主観的なもので、自分で似合うと思うものと他人の目から見て似合っているものは同じじゃないんですよ。生徒たちは、初めのうちは自分がいいと思うメークアップを誰彼なしに押しつけるので……60歳の女性にはそぐわないこともあるわけです。お客様は、「気に入らない」と口に出してはおっしゃらないけれど、家に帰る前に化粧室でやってもらったばかりのメークをそっくり落としていくでしょう。厚化粧は控えたほうがいい年齢の方に、こってり塗りたくる若者向けメークを施したわけですから。

（ジリアン　BT）

ビューティー・セラピストは、また、客に対して、その人にどんな「外見」が似合うかアドバイスもする（ただし、一般的に、客のほうから求めた場合に限られる）。

あれがいいとか、こうするといいとか、雑誌にはいろいろ載ってるけど、でも、ほんとにいいのか自分では確信が持てないのよ。この色でいいんだろうか、このつけかたで大丈夫だろうかって不安なの。そして結局、私のやり方は間違ってたの。自分だけの考えじゃダメなのよね。彼女［セラピスト］がきちんと説明してくれたの。そのファンデーションは合わない、私には濃すぎる色だって。私には合わないかなって一人で迷ってたんだけど、彼女に言われて初めてはっきりしたのよ。

（ブリギット）

もちろん、セラピストはときとして、客からの求めがなくてもアドバイスする。イベットのサロンで働く三人のセラピストとのインタビューで、あるとき私は年齢を聞かれた。答えながら、三人が顔を見合わせたのがわかった。彼女たちの目線による会話は、「ポーラは首のお手入れを始めたほうがいいわね」とはっきり告げていた。客とセラピストの間に見いだされる親密さは、ときとして、求められなくてもアドバイスを提供する関係を作り出す。

サロン内部ではセラピストが客の情報源となっているが、もっと広い浸透力をもち格段にパワフルな情報源が他にも数多くある。メディアや各種文化は、男女の消費者がそれぞれ利用できる美容製品やケアについての情報源であるだけでなく、消費者の社会的位置にとっての流行や妥当さに関する、重要な情報源となっている。

そうなのよ。雑誌はどれもこれも、すてきな女性が載ってるわ。男たちは女性をそんな風に見るんだと思うわよね。そして、女性はそんな風であるべきだって自分でも思ってしまうのよ。

（ナタリー　BT）

このナタリーの話は、特定のガイドラインやアドバイスではなく、むしろ一般的な審美観について述べている。この審美観は、メディアのなかで、またはメディアを通じて再生産される男の視線と関連しているとナタリーは言う。ビューティー・サロンの待合室には、美容に関する助言や広告が満載の女性誌があちこちに置いてある。今回の調査に参加してくれた女性たちもこうした雑誌を読んでおり、半信半疑のことも多いが、そそられもするという。「イメージチェンジ」をテーマにしたテレビ番組の人気の高まりも、何を着たらいいか、何を買ったらいいか、そして何か「おかしい」と思われないためにはどうしたらいいかという情報に対する飢餓感の現れだ。

イギリスでは、このところ、『ホワット・ノット・トゥ・ウエア［着ちゃいけないもの］』というテレビショーが大人気だ。一般視聴者が知人を「イメージチェンジ」の候補者に指名し、司会者のトリニーとスザンナがコメントする。自分が指名されたことをまだ知らされていないイメチェン前の候補者の日常を隠しカメラで追い、トリニーとスザンナがプレゼンターとして、服装や髪型や化粧について手厳しく批評する。イメチェン候補者がばつの悪い思いをするシーンがオンエアされた後、候補者にはワードローブを一新するためのお小遣いが与えられる。ただし、二人のプレゼンターのアドバイスに従うことが条件だ。候補者の屈辱にはまだ先がある。番組の「スター」としてスタジオに招待され、全面鏡張りの小部屋に入れられ、あらゆる角度から自身の姿を、服や靴を否応なしに（しげしげと）眺めさせられるのだ。おおむね、このすばらしくフーコー的な瞬間に、イメージチェンジに対する抵抗感は完全に瓦解する。候補者はショッピングに繰り出し、プレゼンターの「ルール」に従って派手に買いまくり、そして番組の最後にガラッと変身した姿を見せる。さらに、この新しく身につけたファッション・ルールをその後もちゃんと守っているかどうかを追跡したビデオが披露される。もとの野暮ったいセンスに戻っていたりすると、プレゼンターから台無しだとけなされることになる。

このテレビショーにはいくつか興味深い点がある。まず、イギリスのテレビ視聴者の間での「実生活《リアルライフ》」ショー人気に乗っている。また、ホーム・インテリアやガーデニング、身体《ボディ》の手入れについて、さらには厳格な礼儀作法に沿ったディナーパーティーの開き方について、視聴者にアドバイスするテレビ番組の一つでもある。番組に登場する「専門家《エキスパート》」は、上流階級の「趣味の良さ」を、社会的地位が高くない人々にしっくりくる感性に修正する能力を持つ人たちだ。『ホワット・ノット・トゥ・ウエア』に出演する候補者は白人女性がほとんどだが、白人男性を対象とすることもある。ショーの冒頭で候補者が入れられる全面鏡張りの小部屋は、番組の最重要な仕掛けだ。候補者は、自分がいかに趣味が悪いかという「真実」に、否応なしに直面させられるのである。そして、服装のセンスが悪いから老けて見える、太って見える、安っぽく見えるとこき下ろされる。トリニーとスザンナの二人のプレゼンターは、イギリスのいわゆる「上品」な人たちの代表だ。二人の名前、しゃべり方、服装、身だしなみ、どれをとってもアッパーミドルの出であることが明らかだ。特に「場違いな格好」に敏感な女性の不安につけ込んだこの番組は、イギリスの**時代精神**を捉えている。トリニーとスザンナは「おっぱい」とか「ケツ」といった語を堂々と口にしながら、同時に、取り澄ました階級趣味の見解を、犠牲者たち（たいがいは従順で、ありがたがっている）に押しつけるのだ。

こうしたテレビ番組が現にあるものの、大学生がときとして主張するように、メディアが摂食障害を生み出した、あるいは、若い女性が身体をいろいろ変えようとするのはメディアのイメージが「周囲の圧力」という形に変換されたせいだと決めつけるのは、あまりに単純すぎるだろう。今日では、女性も男性もともにメディアの重要なターゲットであるし、メディアや広告における扱いという点でも消費対象という点でも、身体の商品化がいっそう進んでいる。しかしながら、これらのメディア・イメージそのものが破壊的影響力を持つかというと、そうではない。むしろ、何が妥当かについての知識が社会的に状況づけられていることによって、こうしたメッセージが個々の女性の占める特定の社会的位置《ポジション》の内部で意味をなす消費習慣や身体への手入れへと翻訳されるのだ。状況にあった相応しい外見や場違いではないと感じる選択は、日常的な社会的関係だけでなく、特定の嗜好を実践することによって導かれる（Bourdieu, 1984, 1993）。当然のことというレベルにいすわり、無意識レベルでの消費選択を誘導するのは、この嗜好なのだ。

正しい外見とはなにかについての知識、つまり、さまざまな社会的場面に相応しいきちんとした身なり、顰蹙《ひんしゅく》を買わない爪の色や長さ、脚の脱毛・除毛をしていないときはミニスカートを履かないというわきまえは、社会的関係の内部において経験され、決まりとして認識される。これこそが、女性が日常的に置かれている生活である。関係の強さ、持続期間、そして親密さは千差万別だが、すべてが、この知識を提供し、適用の境界線を決める上での鍵である。したがって、たとえば職場で、どこのサロンに通いどんなケアを受けているかが女同士の会話に上るだろう。ヘアスタイルやマニキュアや口紅の色を変えた同僚に対して、いいわね、似合うわよと言葉をかけるだろう。職場の同僚とうまくいっていない場合は、そうしたちょっとした賛辞は交わされない。そこには、人間関係がぎくしゃくしていること、表立たないが対立の存在がうかがえる。友達同士で連れ立ってショッピングに行って何がいちばん似合うか意見を言い合う。母親は娘に対して、お肌の手入れに精を出しなさいと助言したり、あるいは化粧品にお金をかけすぎると小言を言うだろう。このように、知識は単に認知的なものではなく、社会的関係や社会的位置が内部化された結果なのである。

スキル

妥当な外見も適切な振る舞いも、ある程度のスキルを必要とする。女性は、人生のなかで妥当な振る舞い方を学び取る。女らしいしゃべり方や立ち居振る舞いのしつけを受け（Young, 1980）、洗髪や髪の手入れ、さまざまな道具を使って髪型を整える方法をおぼえる。また、多様な状況に合わせて、自分のセルフイメージと妥当な位置《ポジション》に相応しい身なりをすることを学ぶ。美容については、クレンジング、トーニング〔化粧水などで肌を引き締めること〕、モイスチャライジングというスキンケアの三ステップ（として市場化されている行為）を身につける。少女時代の私にこのスキンケアのしかたを売り込んだのは、写真やイラスト入りの読み物、アドバイス、ファッションと美容に関する記事が満載の少女向け雑誌『ジャッキー』だった（McRobbie, 1991）。今日でも、若い女性向けの雑誌には、女性らしい身体を作るためのケアやシェイプアップの手順が載っている（Walkerdine, 1997）。こうして、女性は、脱毛・除毛、クレンジングやモイスチャライジング、体臭を抑えること、そしてシェイプアップされたボディに化粧することに熟達していく（Holland et al., 1994）。こうしたスキルを身につけるためには膨大な労力が必要であり、最新のスキルを維持するにはたゆまぬ努力が不可欠だ。事故で仕事から数年間遠ざかっていて、インタビュー時点では職場復帰の準備としてサロン通いを始めていたメアリー（サロン利用客）の話には、この点がまざまざと表現されている。

職場復帰するためにも、バリバリ仕事をしていた昔の自分を取り戻したいと思ってるのよ。自信はないわ。もう手遅れかもしれない。四年も現場を離れていたから復帰できるかどうか。今は、現職の女性たちがどんなふうか観察しようとしてるところ。仕事を辞めるとね、雰囲気がなくなっちゃうのよ。四～五年前はスーツを着てたけど、もう全然着なくなってるでしょ、勤め人というか、職場の一員には見えなくなってるの。

メアリーの場合、サロン通いは女性的な身だしなみのよい外見を作り出すために必要なスキル、休職中に失われたスキルを取り戻すための行動である。だんだん自信はついてきたが、サロンで受けるケアだけでは不十分だと、メアリーは感じていた。

女性がしていることがはたしてスキルといえるのかという疑問もでるだろう。たとえば、ジェフリーズは、風俗業の女性の仕事を、他の異性愛の女性が従事する仕事の上に置くことになるのは妥当ではないと主張する。風俗業を特別なスキルを必要とする仕事だと認めることは、屈辱的で究極の害悪である風俗業と女性のつながりを強化するだけだと彼女は論じる（Jeffries, 1997）。女性の毎日の美容習慣やセラピストの仕事も同様に見なせるかもしれない。一方で、女性がいそしむ身体の手入れには、膨大なスキルと身体についての詳しい知識が必要だという意見もある（Radner, 1989）。しかしながら、たとえ高度なスキルが必要だとしても、それに対する認知や報酬を女性は請求できない。なぜなら、前述したとおり、そのような身体に働きかける行為は、肉体的なものや自然的なものとの連想を強くし、女性のスキルと知識が劣位であることを強調するからだ（Grosz, 1994 ; Bartky, 1990）。ジェンダー化された身体が自然の生得のものと見なすことができる一方で、同時にその「自然な」状態を保つために明らかに膨大な労力が投じられていること――これこそ、究極のアイロニーの一つだと私には思われる。女性にとって、「容姿が美しい」ことは内在的な女性的特性であり、自然でふつうのことだと解釈される（Adkins, 2001）。したがって、この種のスキルを、認められる資本の形に変換することは不可能なのだ。スキルが報酬の対象となるためには、そのスキルが価値あるものとされ、そのことが認識されなければならない。この象徴的な資本は、その存在を、認識プロセスに依拠している（Skeggs, 2001）。スキルとスキルの認識はともに、状況《コンテクスト》特異的であり、それゆえ、女性性儀式への参加を拒むことは確実に制裁を引き起こす一方で、十分に女性的になるために必要なスキルを開発しても報償が与えられることはない。

ビューティー・セラピストもまた、このジレンマの囚人だ。セラピストのプロとしての能力は、サービスの提供、客の話に耳を傾けること、身体的な親密さなど伝統的な女性的性質と関連しており、それゆえに、プロの専門知識は厳しいトレーニングの成果だという主張は全面的ではないものの否定される

（Willett, 2000 ; Sharma and Black, 2001）。ビューティー・セラピストの役目は、自力では望みの状態に到達できない客に対して、プロとしてのサービスを提供することだ。また、時間的制約があったり利便性を求めて、他者のスキルをお金で買うほうがいいという場合にも、セラピストのサービスが求められる。さらに、客がスキルを持っていないときや、自己流の手入れでは高レベルの成果が得られないときにも、セラピストのスキルが役立てられる。自己流の処理とサロンでのトリートメントの差がはっきりする一例が、ワックス脱毛である。痛くない脱毛は素人技ではむずかしいので、プロの手を借りるのだ。素人の自己流でも不可能ではないが、プロに頼るという場合もある。たとえば眉の形を整えるアイブロー・ケアは、作業そのものに大差はないけれども、自己流よりもサロンのプロにゆだねた方がずっときれいに仕上がるという感想がよく聞かれる。このレベルのスキルは、女性性ルーチンの一部分であり、女性であることとの基本要素だ。そのようなスキルを自分は持っていないし、スキルを使ったことはほとんどないという女性もなかにはいるが、そういう主張こそが、スキルを使うことに対しての矛盾をはらむ女性のスタンスをよく示している。実際、ほとんどの女性は、女性として成長する過程そのものにおいて、この知識やスキルの洗礼を受ける。

パフォーマンス

妥当さの特性の第三は、パフォーマンスを必要とすることだ。女性になるプロセスで開発された知識やスキルを見せるため、あるいは妥当さが達成されたことを示すために、パフォーマンスが必要になる。パフォーマンスは、男女を問わず、ジェンダー・アイデンティティをもっておりそれを実行していることを示す、身体的に女であり男であることの重要な要素なのだ。それは外面的なディスプレイと、さらに深く、世界のなかに埋め込まれた生き方の双方と関連する。この意味で、「自分の中で折り合いをつける」という意識的レベルだけでなく、もっと無意識的な日常的常識のレベルにおいても作用する。

ビューティー・サロンの利用客とセラピストのインタビューから浮かび上がったパフォーマンスは、ディスプレイ（周囲に見せること）と明示（はっきり示すこと）である。ここでは、顔の脱毛やもっと本格的な「美容」術のような「外見についてのケア」と関連するものと考えれば理解しやすいだろう。戸外生活を満喫したバカンス帰りの日焼けした肌は、余暇や現実からの退避、そして健康のシンボルだ。挙式前のマニキュアやフェイシャルケアは、式に連なることの重要性をわきまえており伝統行事への敬意を表すために最善を尽くしたという表明である。眉毛を抜き睫毛を染めておけば、出勤前の忙しい朝の化粧が短時間ですむ。だが、それだけでなく、職場では身だしなみがよくおしゃれな外見が必要で、それを受け入れていることを表している。ナイトクラブのドア係のアンナは、マニキュアの重要性についての問いに対して次のように説明する。

マニキュアが重要な理由？　あのね、ナイトクラブのドア係って、ふつうは男性でしょ。だから女らしく見せたいのよ、ただ仕事するんじゃなくてね。男の仕事をしているけど、ちゃんと女性なんだって示したいわけ。

また、つけまつげを好む理由は、

人と向かい合うときは相手の目を見るじゃない？　目に注意が行くわよね。だから、女だろうと男だろうと、目って存在感があると思うの。よくわかんないけど、まつげが長い方が人目を引いて、魅力的に見えるんじゃないかしら。

アンナのサロン通いの理由には、際だって明示の意識を認めることができる。他のサロン利用客のインタビューでは、これほど明白でない場合もあるが、ジェンダー化された外見に対して働きかけたいという望みが常に見いだされる。サロン通いを隠しているときでさえ、インタビューのなかにはジェンダー化されたアイデンティティのパフォーマンスが存在している。たとえば、パトリシアが顔の脱毛処理を受けていることを秘密にしているのは、「すごく恥ずかしいから」だ。パトリシアは言う。

ビューティー・トリートメントなんか一度もしたことがないわ。好きじゃないの。フェイシャルやマッサージを受けなくても別にかまわないわ。全然気にならないの。

だが、脱毛は必須なのだ。

〔脱毛の費用は〕なんとかしてひねり出すわ。別の何かをあきらめて、浮いた分をそれに回すとか。いくらかかったって――それに、請求書がくるのは先のことだし。なんとかなるわよ。

サロンで脱毛していることを周囲に隠しているが、その劇的な効果は、表情にも、雰囲気にも、態度にも一目瞭然に表れる。

――サロンを出るとき、どんな気持ち?

パトリシア　顔を上げて、晴れ晴れとするわ。平気で人の顔を見られるって気持ちいいよね。もう下を向いて、髪の毛で隠さなくていいんだもの。

再び毛深さが気になり始めるまでの何週間かの間、パトリシアは「ふつうの」女性の外見でいられ、他人の視線をそれほど気にせずにすむのだ。

パフォーマンスに内在的な受容という考えが、ハビトゥスと社会的構造の整合に関するブルデューの見解と、もっと流動的要素の濃いバトラーの演技性（performativity）という感覚を両端とする中間に浮かび上がってくる。ブルデューにとって、社会的アイデンティティの獲得は、練習の成果、ハビトゥスの働き、そしてこれらのプロセスの身体内堆積である（1984, 1990）。この身体的な**ヘクシス（hexis）**の発達は、話や態度や志向に現れる。この考え方に従うと、ビューティー・サロンでのサービスを受けることへとつながる「選択」――そう呼ぶことが適切であるならば――は、堆積プロセスの結果として生じる。ジェンダー・アイデンティティは、パフォーマンスとしての要素が小さくなり、むしろ女性の位置確保の結果の要素が強くなる。この位置確保は、社会的空間のなかでのその人の位置づけと密接に関連する（Bourdiew, 1998）。脚の脱毛というちょっとした行為を説明することが、ジェンダー化されたハビトゥスを、ひいては男と女という二分法的関係における体毛の象徴的表現を理解する試みとなるのだ。サロン利用を通じたジェンダーのパフォーマンスは、ブルデューの用語では象徴的資本の一形態として理解することができる。女性性は特権的アイデンティティではないが、異性愛関係などの限られた領域ではある種の便益を生み出すことができる。この図式によると、消費やレジャーを通じた嗜好のディスプレイは、家庭のなかにいる女性が経済資本を社会資本に変換する手段なのだ。女性が客体（object）であることは変わらない。

ブルデューの認識では、女性の状態は、社会的空間のなかでの資本を蓄積する主体（subject）ではなく、むしろ帰属する主グループに価値を発生させる資本を身に備えた**客体（objects）**である。（Lovell, 2000, p. 20；強調は原著）

対照的に、バトラーは性別《セックス》、ジェンダー、セクシュアリティをあまりにも易々と切り離す（Butler, 1990）。バトラーの考え方では、性別のある身体、文化要素によって強いられたジェンダー規範、そして性的嗜好の間には、必然的で自動的な連関は存在しない。バトラーのアプローチは、ジェンダーを先在する実体を表す名詞と見なす考え方と、ジェンダーは一連の固定されていない属性だとする考え方の中間に位置づけられる。ジェンダーは一つの達成――けっして完了も完成もせず、存在するためには常にパフォーマンスと反復を必要とするものなのだ。達成の可能性はジェンダーそのものによって制約される。既定のジェンダー秩序についての私たちの理解と合致しないものは、思考の対象外なのだ。アブジェクト、すなわちこうしたジェンダー規範の「外側」の価値は、彼らが内部の首尾一貫性を確立し、内側が明瞭になることだ。しかしながらバトラーは、既存のジェンダー秩序に背反する行為を考慮に入れている。たぶん、バトラーの関心はそこにあるのだ。この意味で、パフォーマンスすることは、おどけもの、皮肉屋、あるいは破壊分子という形での抵抗の余地を持つ。この点について、こうした背反的パフォーマンスの余地を認めるのは主意主義的（voluntarism）だというバトラー批判があるが、バトラー本人は強く否定している（Butler, 1993）。

このあたりで、スケッグスに立ち戻るのが有効だ（Skeggs, 1997）。スケッグスは、ブルデューのアプローチと非常に近い資本の理解を軸とした図式を描いているが、彼女の分析の長所の一つは、女性性の演技的要素をアンビバレントなままに残していることだ（Lovell, 2000）。さらに、ある程度の抵抗の余地も許している。白人労働者階級の女性性を病的と捉えるスケッグスの研究で取り上げられている女性たちは、スケッグスの言うブルジョワ文化の理想に固執することにアンビバレントなままである。彼女たちは、自分自身の生活と整合性がある限りにおいて、女らしい外見を魅力的と感じ折り合いをつける。基準に照らせば不合格と判定されることになっても、そうした基準を全面的に受け入れはしない。スケッグスの考え方は、女性は単なる客体ではなく主体であると認め、ジェンダー化されたアイデンティティに対する階級の影響力を十分に考慮に入れることで、主体の側の主意主義に頼ることなく、このアンビバレンスを理解可能なものとしている。

パフォーマンスは、妥当さを構成する三つの要素の一つである。スキルや知識と結びついており、すべてがジェンダーであること、ジェンダーとしての行為をしていること、およびこのプロセスにおける身体的実践の役割と関連している。しかしながら、妥当さは、空間によって変化する。すでに説明したとおり、サロン通いを理解する上では、自分がいま人生のどこにいるかという感覚が決定的に重要である。同じく、社会的空間や地理的空間の感覚は、妥当さの土台をなす複雑な調整を理解する上で決定的に重要だ。

空　間

ジェンダー・アイデンティティのパフォーマンスは、空間によって異なる。ここで空間とは、単に物理的な場所だけでなく、社会的空間や関係的空間も含まれる。

> 社会の空間的組織は……社会的なるものの生産に組み込まれており、単なる結果ではない。歴史と政治の双方に深く関わっている。（Massey, 1994, p. 4）

この捉え方では、空間は地域的、国内的、国際的な場であり、時間という次元も含まれる。私の捉えている空間の内部では、関係性は、他者の存在やその空間における存在のタイミングによって変化する。他者の反応は、特定の空間の不可欠の特徴を形成する。そしてこれらの他者は、今回のインタビューに応じてくれた女性たちにとって、友人や家族など「大切な知り合い」という意味で重要な存在の場合もあるし、（職場の上司のように）ある面では重要だが、人間関係という点では重要性が低い存在の場合もある。空間内におけるタイミングも同じく、一日のうちのいつ頃か、特定の空間で起こる特別な出来事（結婚式、仕事上の重要な会合、バカンス、特別な社交行事など）、さらに人生のなかでの時期などで違ってくる。

女性が生きることのできる空間と、その空間が人の一生のうちのいつの時点に存在するかにはつながりがあるだろう。たとえば、少女の行動は両親や少女を取り巻く社会によって大きく制限されるだろう（Katz and Monk, 1993）。同様に、男性的空間は社会的世界と社会的理論化の双方に共通だが、女性的空間はしばしば家庭と結びついている。しかしながら国際化の進んだ環境においては、この区分は維持しやすいとはいえない（Massey, 1994）。ビューティー・サロンは多種多様な文化の垣根を越えて女性にとってきわめて重要なものとなっているが、その理由の一つは、サロンが社会的に認められた集いの空間となっていることだ。しかも、この地域性の強い空間も、収益性の高い製品やケアサービスの購入を奨励し、女性性についての規範となる理想像を提示するグローバル経済システムの影響下にある。

インタビューでは、自分のジェンダー・パフォーマンスに影響力を持つ空間として、仕事、私的な空間、エクササイズの空間、サロン、外出先の空間があげられた。サロンはそれ自体が重要な空間だが、それだけでなく、他の社会的空間における妥当な身体のあり方を助長するサービスを提供する場でもある。サロンはまた、女性に対する外部からの要求を拒否する女性だけの空間となるし、身体と心への快い注目が得られる場所でもある。

仕事空間

インタビューに応じてくれたサロン利用客のうち、17人はフルタイムの仕事を持っていた。また、学生の一人を除く全員が、過去にフルタイムの職に就いたことがあると答えた。ビューティー・セラピストは、職業柄、調査時点で全員が勤め人の立場にあった。有給で雇われている人間は、仕事の場で、特定の外見、振る舞い方、および妥当なジェンダー・パフォーマンスを要求される。仕事関連の要求の影響関係については第４章以降で詳しく取り上げるが、仕事の場でのパフォーマンスは、雇用形態、雇い主の方針、そして接客仕事かどうかによって変わってくる。その最たるものがサービス産業であり、従業員の外見や振る舞いを管理している（Witz et al., 2003）。こうした管理はある程度はかなり一般的になっており、イギリスの社会人教育コースを開設している単科大学《カレッジ》のなかには、教職員に名札をつけさせ、服装の色を指定しているところもある。また、総合大学《ユニバーシティ》でも、少なくとも一校が名札着用を検討中だ。余談だが、名札に学校時代を連想する私は、自由な服装の学生たちのなかで規制を受ける教職員たちが制服の権威を台無しにすることにならねばよいがなどと、懸念を抱いてしまう。女性たちは、こうした規則の矢面にたたされてきた。しかも、規範に従ってもほとんど報われることがなかったのだ（Adkins and Lury, 1999 ; Adkins, 2001）。大衆文化において批評を免れないことはいうまでもない。前述したテレビショー『ホワット・ノット・トゥ・ウエア』では、主人公のイメージチェンジについての職場の同僚の感想を大々的に取り上げている。番組の最後でイメージチェンジに挑戦した女性（まれに男性）が成果を披露したとき、同僚や上司ははっきりと賞賛する。ある男性雇い主は、昔は女性らしさや「おしゃれ」なところが少なかったが、自分の会社の社員として誇らしく思えるようになったと語った。今回の調査では、全員が、どんな服装やどんな外見が望まれているかを意識していた。この意識は、客だけでなく、セラピストにも共通していた。

重要な発表会や会議などの特別な機会は、服装を変えたり、ビューティー・サロンに通うきっかけとなることも多い。仕事で「人に接する」ことも、同様に、職場での女性に望まれる身なりや振る舞いに強い影響力を持つ。

カレン　こざっぱりしたとはいえない服装で［仕事に］行くこともあるわ。薄汚れた格好というんじゃないわ。こぎれいには見えないでしょうけど、みんな目をぱちくりってほどじゃないレベルよ。もしも度を超したラフな服装だったら、きっと何か言われるでしょうね。職場の雰囲気にそぐわない格好をしたら、ぜったい何か言われるわ。もちろん、その人次第だし、それから会社のなかでどんな仕事をしているかによると思うけど。

Ｉ　たとえばどんな仕事だと思いますか？

カレン　そうね、いつも人に接するような仕事では、それなりの格好を求められるでしょうね。たとえば、銀行の幹部に会うという場合は、もちろんスーツを着て、場違いじゃなく見えるようにするわよ。ただし、突然訪ねてこられたときは別よ。そんなときは、私の格好がどんなでも我慢してもらうほかないわね。だけど、若い人たちはきちんとした格好をするよう指導を受けていると思うわ。

職場の内外をとわず、妥当な女性性が守られているか否かが厳しく見張られるのだ。女性たちは全員、女らしい外見に関する基準を外れた場合には、はっきりと、あるいはそれとなく、さまざまな制裁を受けると感じていた。清潔でこざっぱりしていることが外見の最低要件だという。それ以上については千差万別だ。仕事上の特別な行事は、外見に特に気を遣ったりいつもと違う服装をするに値するし、重要な会合に出たり人と接する立場の職にあれば「こぎれいな」服装をするという。全般に、仕事で人と会う機会が多い職ほど、従業員の外見は強く規制されるようになる。今回のインタビュー時点で自営業である、あるいは過去に自営の経験があると答えた女性たちは、それぞれの立場から、仕事のための服装や外見についての考えを語ってくれた。フィオーナは、妥当さの基準を自分で決められるという自由が、自営業の魅力の一つだと言う。自分は9時～5時の決まった仕事やオフィスの服装に関する基準はとても守れない、お定まりの仕事や制限のある身なりは、仕事ひいては生活全般において自分が意図的に拒否している思想の象徴だという。対照的に、病気で仕事を離れている間に職場で受け入れられる外見を作り出すスキルをなくしたのではないかと不安なメアリーは、職場復帰のためのプロセスの一部としてビューティー・サロンに通っていると語った。セラピストは最新情報を教えてくれるし、そのアドバイスは、自信回復につながるだけでなく、採用担当者に社員として相応しいと思われるイメージを作り出す上で貴重だという。この職場関連の問題については、以下、美容をめぐる苦心について述べながら再び取り上げる。

私《プライベート》的空間

私《プライベート》的空間には、たとえば洗面所で鏡を見て過ごす時間が含まれる。女性が、自分で望ましいと思い描く身体イメージから逸脱する兆候を探してしげしげと自分をチェックするのが、これらの私的空間である。皺や肌の色つや、髪の毛、肉の付き具合など、顔や身体をくまなく調べるのだ。また、サロン通いなどをした方がいいと告げる兆候を発見するのも、この私的空間においてである。このように書いたからといって、自分の外見に対する意識が過剰で、気に入らない点を発見してその一つ一つを異常に気に病んでばかりの女性像を描くつもりはない。私的空間で過ごす時間は、確認あるいは諦めの時間のこともあるだろう。人生の時期や置かれた状況などによって、この時間は楽しいひとときのこともあれば、自己批判の瞬間ともなる。ここで重要な役割を果たすのが、時間とアンビバレンスである。年齢と生活環境によって、私的な時間の持つ意味が変わり、重要性も変化する。クリスティーナは、ボーイフレンドと別れた後でサロン通いが増え、同時に自宅でも外出先でも、鏡で自分を見て気に入らないところを探す時間が長くなったと語った。しかし、この段階はすぐに過ぎたという。私的空間はアンビバレンスの面が強くなったのだ。理想の容姿を描き、ひたすらそれを追い求めている女性は、今回の調査に参加してくれたなかには誰一人いなかった。全員が、年齢や生活環境に応じて自分なりに、自分の容姿を容認し誇らしく感じていたのだ。彼女たちにとって、私的空間は身体についての理想と現実の背反する関係について熟考する場となっている。ジェンダーは、ここでは、パフォーマンスすることと自己評価の混合物なのだ。

エクササイズ空間

エクササイズ空間としては、ジム、プール、エクササイズ教室が最も一般的である。サロン利用客のインタビューでは、こうした空間は暮らしのなかで定期的に訪れる重要な場所としてあげた女性もいたが、対照的に「訪れるべきだ」と感じながら、実際にはたまにしか、またはほとんど行っていない場所だと述べた女性もいた。

空想みたいなものね。自分でも年中ジムに行こうと言ってるし、周りのみんなの話にも出てくるけど、今まで一度も行ったことないわ。（クリスティーナ）

ジムなど他人と共有するエクササイズ空間を定期的に利用する女性の場合、エクササイズは単に容姿や幸福感に対する全般的なアプローチの一つであるだけでない。エクササイズしている間に身体を周囲に見せることが、妥当さについての自分のパフォーマンスの舞台ともなっているのだ。

サロンでやってもらうのはワックス脱毛だけ。たいてい二〜三ヶ月に一度ぐらい。理由は、剃るのは好きじゃないから、それだけよ。ワックス脱毛のほうがずっといいみたい。それに、私は水泳とかスポーツもしてるからね。（カレン）

つまり、スポーツで他人に身体を見られるから脱毛が必要というのだ。脱毛の方法を決めるにはそれなりの理由を必要とするが、脱毛することそのものは既定事実であり、その正当性にはつゆほどの疑いもないのだ。ステファニーの場合も似たようなもので、脚のワックス脱毛を受けた直後はエクササイズクラスで短パンを履くが、毛が伸びてきて長くなりすぎたと感じたら長いジャージにするという。

社交の外出空間

デートや友人と連れだって外出する行為は重要な社会的イベントであり、それ自体が社会的空間を形成する。社交の外出は、社会的ネットワークや人間関係の表れである。インタビューでは、パートナーの職場関係者つまり「私自身はよく知らない人たち」が集まるフォーマルなディナーパーティーから、パートナーや親しい友人とのくつろいだ夜、さらに「女同士の」ショッピングまで、さまざまな相手との多種多様な社交上の外出の話が出てきた。妥当さのパフォーマンスに対する不安は外出の種類によって差があり、したがってパフォーマンスも違ってくる。「相応しいこと」について最も神経質になるのは、明らかに、自分がよく知らない人と一緒になるフォーマルな会のときだ。こうした会の前にはサロンに行くことが少なくない。対照的に、親しい友人や長年連れ添ったパートナーとの外出では、パフォーマンスの不安は小さい。もっとも、知り合ったばかりのパートナーとの場合は、まったく違った種類のパフォーマンスが生じる。パートナーと別れた時の気落ちを語ったクリスティーナ（前出）は、つきあい始めた時の自分の行動を次のように振り返っている。デートし始めたばかりのころは、いつもより濃いめのメークをして出かけた。付き合いが長くなるにつれてメークは薄めになり、デートの準備にもそれほど気を遣わなくなった。最初の頃は、ノーメークの白分を見られることになるから、夜を一緒に過ごすのが不安だった。後になると、彼が「私の最悪の部分」を知っているということで、この不安は一種の二人の親密さの象徴に変わった。

行き先の空間が、程度の差はあるが、容姿やディスプレイへの投資を要求する。つまり、どこに出かけるかが重要となる。バーやクラブなど社交の場に出かけるときは、外見に十分に気を遣う必要がある。人に見られ、周囲の視線を感じる場所だからだ。これらは、異性愛の女性の場合、暗黙の境界線の内部で、外見や容姿について男性のコメントを予想し期待する場所でもある。

お出かけのときはドレスアップしてメークもびしっと決めるわ。周りの人に魅力的だと思われるのは、ときにはいいものよ。

（クレア）

ホランズ（Hllands, 1995）によれば、現代の都市部では社交の外出の社会的意味が変化してきている。もはや、子どもとおとなの間の遷移段階の特徴にとどまらず、若者層《ヤングアダルト》では根に付いた常態的なものとなっている。理由としては、経済再編、特に若者の生活において都会の役割が大きくなっていること、および消費行動における都会の役割があげられる（前掲 p.1）。現代都市における劇的な変化の一つは、若い女性が増えたこと、それから常にではないが、若い女性ばかりの大人数のグループを作っていることである。特に、白人の若い女性にこの傾向が強く認められる。「ヘン」「メンドリ」パーティー[3]は、場所を占拠し、うるさく、やたらに酒を飲むというのでいやがられるが、ここにも、以前は女には閉ざされていた場所に女性たちが進出し始めたことが示されている。ホランズの主な調査地点であるイングランド北部のニューキャッスル市では、パブやクラブは、地元客が常連の店が多い地区と、学生客が多い店が集まっている地区がある。どちらのグループも他方の存在を知っているが、集う場所ははっきり分かれている。それぞれのエリア内での身体的ディスプレイの種類も明白に異なる。ホランズは、セクシュアリティがきわめて重要であるのは現実の性的体験においてよりも、むしろ「性的魅力のためにどんなに投資したかが、服装、態度、ほのめかし、会話に置き換えられている」点にあることを生き生きと描写している（前掲 p. 58）。

ディスプレイ、特にセクシュアリティや性的関係に対する用意などのディスプレイは、外見に置き換えられる。そして、ここにおいて、このディスプレイを行うために必要とされるアドバイスやサービスをプロとして提供すべく、美容産業が関わってくるのだ。これは、特に異性愛の女性に当てはまることだが、異性愛・同性愛の男性でもますます認められるようになっている。同性愛の女性がどの程度にビューティー・サロンを利用しているかははっきり把握されておらず、ケーススタディの域を出ない。今回の調査の参加者は全員が異性愛と答えており、セラピストもレズビアンの客については何も言及しなかった。

着飾り化粧することが友情の社会的儀式となっている女性グループのなかでは、「街ですごす夜」のための準備そのものが社会的出来事となる可能性がある（O'Neill, 1993; Skeggs, 1997）。外出の準備や、何が妥当かの評価は、外出目的である社会的行事の行われる場所、誰が出席するか、そしてどの程度にフォーマルかによって変わってくる。

最も不安が大きいのは、不慣れな状況、すなわち自分が慣れ親しんでいる日常とは掛け離れた社交ルールを持つ、よく知らない人たちと一緒になる場合だ。気づかずに暗黙のルールを破ってしまい、自分が場違いであることを露呈してしまう危険が大きいのだ。この不安は、ジェンダー・パフォーマンスと階級パフォーマンスの両方に関係している。しゃべり方や服装や行儀作法で階級背景が「ばれて」しまう可能性がある。「この服だとお尻が大きく見えるかしら?」という根拠のない疑問は、女性たちがたえず自分の身体が「場違いではないか」と感じていることの表れだ。

妥当さについてのアドバイスや、妥当さを実現するためのサービスをビューティー・セラピストに求めるのは、ごくたまのフォーマル・ディナーなどその場の礼儀作法をよく知らなかったり、特別な行事の準備のために「努力する」ことで自分がその状況の重要性を認めていることを周囲に示したい場合が最も多い。この種の社交的外出の好例が結婚式である。社会的関係を反映する身体的ディスプレイをよりよく見せるために、ビューティー・セラピストのサービスが要請される。外見に注意を払うことを通じて、結婚式の重要性を認識していることが示される。外見についての「決まり」をきちんと解釈できる美容産業従事者による外部からの確認と専門知識は、ルールを破って「視線を浴びる」危険が小さいという安心を女性に与えてくれる。ここでは、ビューティー・セラピストは、ある特定の空間において、だが全般的な形においても認識されるしかたで、客の身体的資本を最大化することに貢献している。

サロン

空間としては、もう一つ、サロン自体が独立した空間を形成する。「サロンに行くときは、いつも、一番新しいブラを着けて、パンティも一番上等のを履いていく」という発言に見られるように、女性はサロンのドアをくぐるために準備する。サロンのなかで聞いたアドバイスや受けたトリートメントを、客は自分の知識やスキルやジェンダー・アイデンティティにフィードバックする。ほとんどの客は、サロンにいるときは日常生活から切り離されていると感じている。サロンは、「自分のための時間」を前述した方法で楽しめる空間、「サロンで過ごす時間」を満喫できる空間なのだ。サロン通いの理由やサロンで受けるサービスは人によって千差万別だが、サロンが日常茶飯とは隔絶した空間を代表しているという点は共通項だ。サロンで過ごす時間は「ミニ・ホリデイみたい」という表現は、サロンが「家」と「休日《ホリデイ》」の中間地点にあることを的確に示している（Shields, 1990）。しかも、この点が最もはっきりと現れるのが自分へのご褒美《パンパリング》に対するスタンスである。定期的な身だしなみや、脱毛・除毛といった補整トリートメントを受ける客の場合は、サロンは退避の場所というより実用的空間としての性格が強い。

インタビューでは、利用客はそれぞれ好みのサロン探しに手間をかけたことが浮かび上がってきた。たいていは、最初にちょっとしたサービスで感触を探ってみて、その後に初めてもっと本格的なトリートメントを受けることを決めていた。イギリスの女性たちは、あるサロンで満足できなかったり自分には合わないと不満を感じたときは、不満を言うよりもむしろ、期待通りのサービスが得られる別のサロンを探す傾向が強いようだ。心地よさが感じられなければ、別の快適なサロンに場所替えするのだ。この快適さを確立する手段は、ビューティー・サロン業界の分節化と関係がある。サロン経営者は、ニッチ市場において、民族、階級、年齢、ジェンダーを基準としてターゲット客を慎重に定め、それに相応しい内装、サービス、価格を設定する。実際私の知る限り、ビューティー・サロンに関する調査では常に、顧客層は比較的均質であり、そのことが内部で形成される社会的関係に影響していることが明らかになっている（たとえば、Furman, 1997；Rooks, 1998、Willett, 2000、Gimlin, 2002）。サロン内のこれらのシンボルについては、客もセラピストも認めている。

たぶん、登録もしていないような小さな店に行くのは、きっと、あまりお金をかけたくない人たちだと思うわ。きちんとした資格を持っていて知識もあるパリッとしたセラピストのいる店は、それなりに値段も高いから。街角の美容院《ヘアドレッサー》で十分という人もいるのよ。「近くて便利だからいい」っていうの。そりゃあ、パーマの技術は全然なってないし、ヘアダイだって似合わない色のこともあるけど、でも高くないし、髪の毛はすぐにまた伸びるものね。美容《ビューティー》も似たようなものじゃないかしら。

（コレット　BT）

コレットの話が客の社会階級に関わっていることは明白で、「お金をかけたくない」、「きちんとした資格」、「パリッとした」などいくつかの表現を上げることができる。これらは、客が自由にできる経済資本に関する表現であるだけでなく、同時に、セラピストの教育資本および文化資本についての指標でもある。「街角」は、特定の立地条件を表している。ヨーロッパでも北アメリカでも、ほとんどの場合、住宅地は社会階級による区分が明白で、したがって街角サロンの客層は均質な地元の人たちだ。イギリスでは「パーマ」をかける人が減ってきており、いまだに「パーマ」をかりているのは労働者階級といってよい。このように、サロンは非常に分節化された空間となっている。女性は、自分がくつろげる空間、自分自身の趣味にあっていると感じられる空間を探し求めるのだ。

サロンに行く前の準備についてのレイチェルの話には、サロンとそこに集う客の間の差異化が明白に現れている。

レイチェル　私は地元の店がいいわ。私が特別に階級意識が強いのかもしれないけど、サロンというと、爪を長くして、ベンツに乗って、プラダのハンドバッグを持つような上流の女の行くところをイメージしてしまうの。そんなところ、私はごめん被るわね。もっとも、私だっていつもデザイナー・バッグを持っていくけど。

ー　いつもデザイナー・バッグを持って行くの？

レイチェル　そうよ。それから、必ず携帯電話を持って、グッチの眼鏡を掛けていくわ。

レイチェルにとって、サロン通いは居心地の悪さや場違いの感じを伴う経験の一つだ。政治的に美容産業批判の立場をとる彼女の意識は、どうしてもアンチ・サロン通いに傾く。しかし、レイチェルのケースは例外的で、ほとんどの女性はサロンを安全でくつろげる場所と感じている。そこを「快適」と感じられない客は自然に消えていき、その場を快適と感じる客だけが残るのだ。

セラピストの話をまとめると、サロンは女性だけの空間であり、客は男性の存在を好まない。

女性にとって避難場所になっていると思うわ。店では男性客にも門戸を広げているけど、でも女性のお客さんは男性は入れない方がいいと思ってるでしょうね。実際、とっても女性的な場所だわ。

（スー　BT）

女性ばかりだと気にならないが、男性がいると身体をさらしたり素顔を見られるのが気になるというのだ。対照的に、一部の女性たちは、店の内装や雰囲気がジェンダー的に中立なサロンを選んでいた。この点を掘り下げてみると、パステルカラーに「乙女チックな」内装といった女性性の外見的シンボルを避けるということは、ある種の労働者階級の女性性に対する批判につながる。ピンクの制服や更紗のカーテンに代表される趣味を拒否することで、自分は中産階級の女性性を快適と感じていることを表明しようとしているのだ（Skeggs, 2001）。円形の部屋、シックな色調、淹れたてのコーヒー、革張りのアームチェアを好むことは、男性をサロンに取り込もうとする多国籍美容会社が標的としている中産階級の一セグメントのイメージと合致している。

語られない空間

鍵となる空間の一つだが、インタビューからは浮かび上がってこなかったものが、「寝室」すなわちセクシュアリティと関連する空間である。実際、インタビュー中にはっきりとセックスについて口にしたのは、スーキー一人だけだった。インタビューの最後には必ず、質問者である私に対して質問はないか、付け加えたいことはないかと尋ねたが、そのときスーキーは次のように応じたのだ。

スーキー　セックスのことを聞かれるんじゃないかと心配だったんだけど、その質問はなくてほっとしたわ。

I　どうして？　セックスと何か関係があると思うの？

スーキー　私じゃなくて夫の方よ、心配してたのは。「気持ちが晴れ晴れするってことはセックスライフと関係があるかって訊かれるかもしれないぜ。そっちのほうの話が王になるかもな」なんてね。だから言ってやったの、「そうね、どうなるかわからないけど、せいぜい言葉に気をつけるわ。」

ここでは、身体についての自分の気持ちと、それがパートナーとの性的関係におよぼす影響が結びつけられている。興味深いことに、この結びつきを口にし、そしてインタビューで話題になることを不安がっていたのは男性の方だった。インタビューで浮かび上がってきた空間に性的空間が欠けていたのは、ここに現れている不安、そして私自身が直接的な質問をしなかったということが関係しているかもしれない。しかしながら、セクシュアリティは、欠けている存在として表現することでよりいっそう精確に記述できるかもしれない。セクシュアリティに関する質問は、単に性的な活動についての言及より幅広い。セラピストおよび客とのインタビューの背後に常にあり、そして私がサロンで過ごした間にはっきりと感じ取れたのは、異性愛が規範だという意識だった。つまり、異性愛は既定のもの、取り立てて言及されることはない前提事項なのだ。サロン全体に張り巡らされた異性愛の前提が破られるのは、サロンに来る男性客について話すとき、または男性から女性への性転換者がトリートメントにやってくるときのみであった。このようなとき、男性は同性愛者《ゲイ》だと想定された。男性が疑問の余地なく異性愛者と見なされるのは、「身だしなみ」にサロンに来る「ビジネスマン」の場合か、あるいは、女性パートナーが代わりにアポイントをとったり同伴してきた場合に限られていた。こうしたことは、取り上げる経験的データの裏付けとなるサンプリングに左右されるもので、実際、フィールドワークを行った都市の一つでは、ゲイの男性が通いやすい場所に、男性をターゲットとするサロンが一軒あった。この店を調査対象にピックアップしたのだが、まもなく店じまいしてしまい、果たせなかった。ようするに、ほとんどのサロン、そして女性客の大部分が異性愛を前提としており、したがって表だって口に出されることはなかったのだ。

「きっかけと通い始め」段階と「自分の中で折り合いをつける」段階――まとめ

サロンの利用の仕方は一様ではない。客とその年齢や状況、そしてサロンで提供されるサービスの種類や程度によって変わってくる。サロン通いを始めるには、まず、そこで提供されるサービスが自分のワールドビューおよびセルフビューと合致していると感じられなければならない。さらに、サロン通いのための時間とお金、そして正当化の理由が必要だ。サロンも客も、そしてサロンで提供されるサービスも多種多様であるということは、このプロセスを理解する試みは、変遷する話のなかにパターンを見いだそうとする作業となる。このために、私は客とセラピストとのインタビューから抜き出した証拠と、最も説得力のある（と私が思う）理論的アプローチを組み合わせ、その過程で、サロン利用を、「きっかけと通い始め」段階と「自分の中で折り合いをつける」段階に分けた。「きっかけと通い始め」段階は、セルフビューとワールドビューと時間の相互作用が原動力である。また、サロンの主要な役割の一つを理解するための鍵として、私は妥当さという概念を使用した。

妥当さという概念に関しては、たとえば、調和という要素を過大評価しているという批判もあろう。ブルデューの用法では、女性性という語は共謀以外にほとんど意味を持たない。しかしながら、妥当さという概念を用いることで、共謀がすべてではない、アンビバレンスの余地が残っていると認められるのではないかと思う。ビューティー・サロンの利用をめぐっては、美容産業との関わりのすべては完全に否定的なものであり共謀であると見なす罠に陥ってはならないという点も強調したい。外的な要求を逃れてサロンという女性化した世界に退避することは、回復を可能とし、女性同士の社会的つながりの形成を可能とする。サロンが分節化していることで、これらの関係は民族や階級を同じくする集団内部でのサポートを促進することが可能となる。一部のトリートメントが純粋に官能的なものであることも無視すべきではなく、補完療法という文脈において行われている場合は、もっと丁寧に取り上げるべきだろう。私は、身体を通じてジェンダー化された権力階層の働きについても理解しようと試みた。ここで権力は、客観的な社会的構造と主観的な感情・情動・願望のプロセスを通じて身体に顕れる。この事実にもかかわらず、今回の調査に参加してくれた女性のうち客の立場の女性たちは全員、美容産業の活動についてきわめて懐疑的であった。誰もが、自分自身が美容産業のサービスを受けていることと美容産業に対する疑念とを調和させるのに苦心していた。ビューティー・サロンの心そそられる魅力とサロンの宣伝文句への批判や拒絶の意識、この**両者**を折り合わせることは、ほとんどの女性にとって大問題なのだ。

注

[1] だいたいはこの通りだが、特にアメリカでは経済的優位にある女性のかなりの割合が、自分では家事をせず、使用人を雇っている。こうして、貧しい女性たちや人種的マイノリティーの女性たちにはさらなる重荷となっている（Ehrenreich and Hochschild, 2003）。

[2] アン・サマーズは、「大人のおもちゃ」、下着、官能小説、その他のセックス関連製品をイギリスの一連の店で販売する組織。関心のある顧客には、女性社員を派遣して顧客の自宅でパーティーを開き、ホームショッピングの便を図っている。これらのパーティーについては、女性がセックス関連のゲームに参加したり、あからさまなセックスに関する話をするというので、悪評も高い。

[3] ヘンパーティー（hen party）は、結婚式の前に女性だけで集まってお祝いするもの。男性版は「スタグパーティー（stag party）」という。イギリスでは、どちらも異性は入れず同性だけの集まりとして開かれる。一般に、奇抜な衣装を身につけて、大量の酒を飲む。イギリスの一部地域でヘンパーティーの人気が高まっており、観光業者の間でも注目され始めている。

第4章 美容という見えない労働

こんなことを言ったら性差別主義者と思われるかもしれないけど、でも現実問題として、女性にとってはとってもいい職業だわ。女性の直観的なスキルを全部使うから、女性にとって理想的な仕事だと思うの。ほんとに、理想的だと思うわ。

（アマンダ　BT）

「ビューティー・セラピー」という語には、精神、肉体、あるいは心身両面に変化をもたらすものというイメージがある。また、美容《ビューティー》にも癒し《セラピー》にも、心身の勤しみや骨折り――セラピストと客の双方ともに、身体的な労働を通じて自己意識を創出する――というニュアンスが付随する。したがって、ここでは、美容とセラピーがセラピストの専門職としての地位や仕事にどのような影響力を持つかを見ていくことにする。特に、セラピストの仕事において「感情労働（emotional labour）」（Hochshild, 1983年）、「審美的労働（aesthetic labour）」（Witz et al., 2003）、または「身体への働きかけ（body work）」（Tyler and Hancock, 2001）がどのような役割を果たしているかを検討したい。また、特に本書で「身だしなみ」に分類したタイプのトリートメントがサロン利用客の職場や仕事で果たす役割、ならびにこれらが仕事環境の審美化（aestheticisation）（と想定されるもの）とどのようにつながるかも明らかにする（Adkins and Lury, 1999, 2000；Adkins, 2001）。

ビューティー・セラピストの仕事

ビューティー・セラピーには、さまざまな場所で提供される多種多様なケアが含まれる。一口にセラピストといっても、マッサージ、マニキュア、脱毛などの専門分野を持つ場合もある。

私が得意なのは脱毛ね。楽しい仕事よ。運命というか、人生って何が起こるかわからなくて面白いわよね。だって、脱毛が仕事になる、そんな仕事があるなんて夢にも思ってなかったもの。一日中ひたすら脱毛して過ごす生活って、他人には奇妙に見えるかもしれないけど、でも私は気に入ってるわ。

（イベット　BT）

もちろん誰もが専門分野を持つわけではない。特に小さなサロンでは、店のメニューはすべてこなせなくてはならないだろう。ただ、サービスの種類が増え利用者が増すに伴って、万能選手的なセラピストは少なくなっている。

何が変わってきたかって？　そうね、以前はビューティー・セラピストは何でもこなしたものよ。今は、トリートメントの種類がこれだけ増えてきたこともあって、専門分化しつつあるわね。ヘア・サロンに勤めてメークアップもネイルケアも睫毛も眉毛もフェイシャルもワックス脱毛も全部こなすビューティシャンのほかに、サロンでエステティックやボディケアや電解脱毛を担当するビューティー・セラピスト、ヘルスセンターやスパやジムなんかに勤めるマッサージ・セラピストというふうに、セラピストにもいろんな種類が出てきたのよ。それから、ネイルがとっても注目されるようになってきてからネイルケア専門のネイル・テクニシャンが登場したし、脱毛や除毛も、ワックス脱毛のほかシュガリング［砂糖ペーストを使用］、スレッディング［糸を利用］、電気分解というふうに方法別に専門分化してるわね。専門分野を持てば、自然と技術も高くなるし、いい傾向だと思うわよ。

（エミリー　BT）

美容業界内では、「美容《ビューティー》」と「セラピー」のいずれの面に重きを置くべきかについて意見が分かれ、緊迫した論議が交わされている。これは、セラピストの専門分野が相対的なものであることを示している。専門職としての地位を高め、セラピーの内容が容姿や外見とはほとんど関係がないことを強調するためにも、職業名から「ビューティー」をはずしたほうがよいという意見が一部にある。一方で、美容に関わるケアが「本業」であり、また経済的安定の土台だとする考え方もある。

ビューティー・セラピーは今のところ、一つの統合された職種とはなっていない。すべてのビューティー・セラピストが登録を義務づけられている業界団体、ビューティー・セラピストを名乗るために会員になる必要のある組織などは存在しない。イギリスでは、全国的に名が通っているさまざまな養成プログラムがある。主にカレッジの成人教育コースだが、民間企業も独自のコースを開設している。化粧品やセラピー機器の製造販売企業が自社製品についてトレーニング・コースを設けていることも少なくない。今回インタビューしたビューティー・セラピストたちは、自分たちの集合的アイデンティティについて比較的首尾一貫した意識を持っているように思われたが、それでも、明白な集合的「専門家像《プロイメージ》」はほとんどないようだった。インタビューでは全員がビューティー・セラピーは**身体《ボディ》**だけでなく**フィーリング**にも働きかける仕事だと定義した。だが同時に、ビューティー・セラピーはサービス業であり、美容サービスは営利法則にしたがう。セラピストのプロとしての専門知識や地位は、医療専門家と民間療法家と風俗業従事者の中間に位置している。

ビューティー・セラピストへの道

どんな仕事だって、ニーズがあるからビジネスになるのよ。

（ケリー　BT）

イギリスの場合、ビューティー・セラピストになるには養成段階での実習が必須で、この間、給料は雀の涙である。三年間の養成コースを修了した後は、大型店、または、それより小規模だが目抜き通りにあるサロンに勤める。新人として仕事を始め、徐々に自分の得意客をつかんでいく。十分な固定客が確保できて「訪問専門」になるケースもある。キャリアの階段を上るには、新しいテクニックや新製品について知識を深めたり、アロマテラピーやリフレクソロジーなどの専門分野のトレーニングを積む必要がある。この段階での落伍率は非常に高い。低賃金、長時間労働、そして仕事への幻滅が重なって、セラピストになる夢を捨ててしまうのだ。ビューティー・セラピストは誰もいずれは自分の店を持ちたいと考えており、サロンオーナーは自営業の女性のうち相当な割合を占めている。

養成コースはほんとに厳しいし、仕事もとてもハードだわ。そしてその割りに認められないのよ。

特に大手の場合、経営者はそのことを十分に知っていて、それを利用してると思う。私が勤めてるサロンの場合は……一日９時間労働なのに給料は８時間分しか出ないのよ。１時間はタダ働きさせられるわけ。おまけに、お客の切れ目に５分でサンドイッチを囓《かじ》れってオーナーは言うの。９時から４時まで飲まず食わずで働かされてもどうしようもないのよ。なぜなら、私たち、政府にプロフェッショナルと認められてないから。だから、何にもサポートされないわけ。これが銀行だったらどうなると思う？　９時から４時まで働かされたら大騒ぎになるわよ。だけど、サロンならかまわないのよ。奴隷みたいに働かせて、雀の涙の給料しか払わなくても、全然問題にならないの。

（ルイーズ　BT）

ルイーズは、サロンで働き始めた頃は一週45時間労働で賃金は１００ポンド［１ポンド＝約２３０円'08年現在］だったこと、それから四年後の１９９８年、インタビュー時点でもほとんど収入は増えていないことを話してくれた。また、彼女の勤めるサロンのマネージャーの序列についても触れ、トップは週給３６０ポンド、その次が２６０ポンド、その下は２４０ポンドを得ていると述べた。セラピストの場合は、12週間続けて自分のもらう給料の三倍の稼ぎを店にいれて初めて昇給が認められるのだという。その証拠に、イギリスのビューティー・セラピストの報酬は２０００年から２００２年にかけて横ばいである。じっさい、２００２年の収入はわずかながら減っている。２０００年の平均時給は、セラピストが4・93ポンド、上級セラピストが6・31ポンド、サロンマネージャーは8・63ポンドだった。2002年は、それぞれ、4・88ポンド、6・18ポンド、6・86ポンドとなっている。ネイル・テクニシャンの場合は、3・89ポンド、これはなんと法定最低賃金を下回っている（Guild News, 2002）。

ルイーズのインタビューでは、特に大型デパートに入っているサロンのセラピストのことも話に出た。一日中トイレに行けないため膀胱炎や腸の感染症を患うというのだ。待っている客がいるのに持ち場を離れるわけにはいかないし、予約が切れ目なく入っているとトイレ休憩や昼休みさえとれないという。もちろん全部のサロンがこのような状態ではなく、小さな店ではセラピストの労働条件はもっとよいことも多い。しかしながら、長時間労働と低賃金は美容業界全体に共通している。労働衛生・安全や労働者の権利に関する法律があるものの、美容業界では取り締まりが行き届いているとはいえず、全体として労働組合も未発達だ。こうしたことも雇用基準のなし崩しを招いている。

ビューティー・セラピストの専門職《プロフェッショナル》としての地位

才色兼備なんてあり得ないわね。どっちかかたっぽよ。

（ウェンディ　BT）

ビューティー・セラピストの専門職《プロ》としての地位は、業界内で今も決着のつかない微妙な問題である。専門職の構成要素が何かは定義しがたく、見解が分かれている。たとえば、解釈的アプローチでは専門職とは「本質的に象徴的であり、日常の相互関係を基盤として社会のなかで調整された地位」である（Allsop and Saks, 2002, p.5）。一方、フーコー派のアプローチでは、専門職としての地位の主張を支える言説の形成（discursive formation）が重視されている。ますます支配的になってきているネオ・ウェーバー派の専門職に関する定義は、次のようになっている。

> 知識を基盤とした特殊な職業。専門職化プロセスと専門職の地位の維持／拡大の双方において中核をなすのは、知識の種類、それに帰属する社会的および文化的価値、および個々の職業の知識の取り扱い方法と考えられる。（Allsop and Saks, 2002, p. 4）

ウィッツ（Witz, 1992）は、これらの定義を批判する。専門職のジェンダー化された性質、またジェンダー化された制度に内在的な権力を巡る葛藤を無視し、中立的で要素化されたアプローチを強要するというのだ。今回の調査で得られたデータは、ビューティー・セラピーの専門職イメージを深く検討するには不十分だ。今回の調査では、ビューティー・セラピストが自分自身の専門職としての役割をどのように捉えているかを理解することに主眼を置いた。

インタビューからは、ビューティー・セラピストは業界団体とのつながりが強くないことが明らかになった。三人を除いた全員が何らかの業界組織に属していたが、ただし、その目的はほとんどの場合が保険加入のためであった。業界団体への関わりが消極的な理由については、組織そのものに問題があるからという意見が多かった（少数の「ボス」が仕切っている、「派閥」があり非民主的、「頭の固い中年のおばさんたち」の集まりだなど）。しかし、インタビューに応じてくれたセラピストたちにとって重要な問題は、業界団体の非力さ、基準や世間の評価といった問題にうまく対処できないことのようだ。これらの業界団体は、公認の機関や強力な民間会社のような大きな権力を持っていない。専門性や地位の合法化を模索する他の業界団体との大きな相違点がここにある。たとえば、カントやシャルマの調査によれば、補完療法のセラピストたちは、自分が所属する業界団体に対してしばしば非常に批判的だが、地位安定や世間の評価を確保する上では業界団体は絶対的に重要であると認めている。そして、具体的な活動では賛成できないこともあるが、業界団体の追求する「専門職像」には共鳴している（Cant and Calnan, 1991 ; Sharma, 1995, p. 161）。

地位の低さと低賃金がビューティー・セラピスト全体にとって大きな問題だという認識は全員に共通しており、ほとんどが、ビューティー・セラピーは専門職である、ないしは専門職と認められるべきだと考えていた（単なるサービス業でしかないと考えているのは一人のみだった）。その理由をまとめると次の二点になる。第一に、ビューティー・セラピーは人間の身体についての複雑な、おそらく看護師なみの知識を必要とする仕事である。第二は、ビューティー・セラピストは接客の「プロ」であることだ。つまり、客の信頼を得なければならないが、同時にビジネスライクな距離感を保つ必要がある。また、客に共感する必要があるが、踏み込みすぎてはならない。それなのに、ビューティー・セラピストの仕事は一般に軽く見られている。

一人のセラピストとしても、業界全体としても、ビューティー・セラピストに対する「顔はきれいだが頭の悪い女」というイメージや、特別なトレーニングなど不要な職業だといった思い込みを払拭するのに苦労している。自分たちが「顔だけで脳がない」と見られていることをセラピストはよく知っている。

世間は、「ただ爪にマニキュア塗ったり、マッサージしたり……ただそれだけの仕事」と見てるのよね。男性はちょっと風俗っぽいと思うようだし、女性は……たぶんビューティー・トリートメントを受けたことがないからでしょうけど、セラピストはみんな顔はいいけどバカだと思ってる女性もいるわ。上っ面だけで中身はからっぽ、知性なんか全然ないと思ってるのね。男たちは、マッサージのことしか頭にないし［笑い］。（アマンダ　BT）

ビューティー・セラピストは、ビューティシャン――デパートなどの化粧品売り場で化粧法や製品について助言する店員——と混同されることが多い。セラピストたちは、このことを大きな問題だと捉えている。彼女たちの自己認識では、ビューティー・セラピストとは高度な資格を持つ専門職なのだ。養成コースには、人体生理学、化学品の用法や禁忌、ある程度の経営学や会計学なども含まれている。セラピストたちはこの点を指摘し、自分たちは「学校の勉強について行けなかった落ちこぼれ」なんかではないと強調する。数年前までは養成コースを修了したセラピストには、上級国家資格（HND）が授与されていた。HNDは深い理論的知識を持つとして高く評価されており、看護師資格や総合大学の学士号にも匹敵すると見なされる資格である。ただし最近になって、養成コース終了時に認定されるのは国家職業資格（NVQ）に変わった。HNDからNVQになったことについて、一人を除く全員が格下げだと見ていた。NVQ資格は期限がなく、理論的な知識だけでなく実務面にも力点が置かれている。面白いことに、ただ一人NVQへの移行を前進と見なしたのは、白人労働者階級を主な客層とするサロンのオーナーで、ホリスティック療法や補完療法にはまったく関心がないと言い切ったセラピストであった。

セラピストは、ビューティシャンだけでなく、仕事内容に重複部分が多くライバル関係にある美容師《ヘアドレッサー》とも比べられる。美容師には独自のNVQ制度がある。いくぶん専門性が低いと見られており、したがって美容師の資格に対する評価はそれほど高くない。イギリスの場合、美容師の専門職としての評価が低い理由には、その仕事環境も関係している。客がサービスを受けるのはプライベートルームではなく共有スペースで、居合わせた他の客に話が筒抜けになる。対照的に、ビューティー・セラピストは、個々の客のニーズに注意を払い、常に慎重な姿勢で臨むこと――サービスがプライベートルームで提供されることで可能となる――に誇りを持っている。この点は、アメリカとの大きな違いだ（Furman, 1997; Rooks, 1998）。アメリカの場合、メニューの一部は何人かの客が同じ部屋でサービスを受けることが定着している。イギリスでもネイルサロンには大部屋があり、客同士や客とセラピストの間で世間話が弾みやすくなっている。ネイルサロンの人気が高くなっている理由の一つは、そこでは集いの楽しみが経験できるということかもしれない。もっとも、プロのビューティー・セラピストと違って、ネイルサロンを開くには公的な資格がいるわけではなく、ネイル・テクニシャンに対するセラピストの評価は往々にして高くない。

同業者やサロンの客以外の人たちに自分の仕事をどう話すかについて、セラピストたちはアンビバレントな感情を抱いていた。多くのセラピストが、社交の席では自分の職業を口にしないと語った。ビューティー・セラピーを教える立場にある人たちは、職業は講師だとぼかすほうが気楽だという。しかし、職業をあからさまにしたがらないからといって、セラピストが自分の技術にプライドを持っていないということではない。また、悪印象を避けるために自分の職業をはっきり言わないことに自己嫌悪を感じるということだった。

ウェンディ　そう［仕事はビューティー・セラピストだと］言うかって？　そうね、外出先で異性と話が弾んで「仕事は何？」って訊かれたら、本当のことは言わないわね。

I　なぜ言いたくないの？

ウェンディ　セラピストだって言ったら、「そうか、マッサージをやるんだな」とか「ああ、本当のところは言わなくてもわかるさ」って思われるからよ。そして、いろんな見当はずれのコメントが続くの。そんなの聞きたくないもの。だから、ホテルで受付してますってだけにしておくのよ。

ウェンディが言うように、ビューティー・セラピーについての突っ込んだ暗黙の想定の一つとして、セラピストの仕事は性風俗業の要素があるという認識がある。一部の「外部の人間」は、ビューティー・サロンでのマッサージとマッサージ・パーラーでのそれは大差ないものと捉えている。このため、専門職として正当に評価されたいセラピストは、単に「顔はいいが頭の悪い女」というラベルを避けたいだけでなく、風俗業の仕事と重ねられるおそれも避けたいと思うのだ。身体に直接的に働きかける親密さの伴う作業が多いことに加えて、「感情労働」といわれる精神面での深い関わりを特徴とする職業であることが、ビューティー・セラピーが風俗業とオーバーラップすると受け止められる理由の一つとなっている（Hochschild, 1983）。

感情労働とは？

いつも他人に好感をもたれなきゃならないというのは、私にはいい鍛錬だわ［笑い］。だって、こっちはお客を選べないもの、でしょう？　一日中、知らない人を相手にしていると、仕事が終わった後に外出して新しい友達を作る気になれないのも無理ないと思うわ。……人と会うのは好きだけど、［サロンに］くる人たちみんなが会いたい相手というわけじゃないわ。（ゾーイー　ＢＴ）

１９８３年のホックシールドの『管理される心』［邦訳、世界思想社］は、特にサービス業界の職場での感情の管理の性質について広範な論議を引き起こした。その後、（ふつうは女性の）サービス業従事者の仕事は精神面が身体面に転換されていることに関して、多種多様な考え方が提示されている（たとえば、ウィッツらの「審美的労働」(2003)、タイラーとハンコックの「身体労働」(Tyler and Hancock, 2001)）。以下、こうした考え方を踏まえて、ビューティー・セラピストの仕事における身体労働と感情労働の役割を解き明かしていこう。

フライトアテンダント（客室乗務員）を対象とした調査、それに債務取立人に関する補足的な小論を通じて、ホックシールドは、労働者は雇用主から物理的な労働と時間を要求されるだけにとどまらず、サービス業では感情の管理および提示も不可欠の要件となっていると主張した。実のところ、前掲書には「人間感情の商品化」という副題が付いている。同書では、感情労働と感情の働きが次のように区別されている。

> 感情労働という語を、私は、公衆から見られる顔の表情や身体の仕草を作り出すための気持ちの管理を意味する語として用いる。感情労働は賃金を対価として売られるもので、したがって**交換価値**がある。いっぽう、よく似た語だが、**感情の働き**または**感情管理**は、私的な背景における同種の行為――すなわち**使用価値**を持つ――を表す語として使用する。(Hochschild, 1983, p. 7. 強調は原文)

現代組織においては労働者の外見的特徴が型にはまっていることに注目した研究者もいる。タイラーとハンコックは、同じくフライトアテンダントの仕事についての調査から次のように述べている(2001)。

> 組織(サービス)の理念《エートス》の物質的象徴として行為するために、エッセンスとしての女性身体が必要とされ、身体管理という高度にジェンダー化されたテクニック――熟練労働または「身体労働」が必要である――を通じて管理される。そして、それが女性によって実施されるがゆえに、効果的に自然化される(それゆえに、報酬の対象とならない)。(Tyler and Hancock, 2001, p. 26)

フライトアテンダントは、「取り込み」のプロセスを通じて、不安になっている乗客に身体的信号を発信してリラックスさせる方法を学ぶ。また、男性のフライトアテンダントが単に「清潔で『好感を持たれる』外見」が要求されるのに対して、女性の場合は外見の管理について細かい指示を受ける（p. 33）。この身体についての規制は体重にもおよび、女性フライトアテンダントは体重／身長比を厳守することが求められる（Tyler and Abbott, 1998）。身体管理の高度なスキルを持ち努力しても、女性にそれへの報酬はない。身体の手入れは女性にとっては余暇活動であり、そのためのスキルは習得が必要な社会的スキルではなく、女性に内在的な特性だと思われているのだ。

ウィッツらもまた、現代のサービス業では審美的労働が不可欠要素となってきていると主張し、ブルデュー（1984）の考え方を踏まえて、審美的労働を「体現化された『性向』の動員、開発、および商品化」と定義している（Witz et al., 2003, p. 37）。彼らのポイントは、労働者は能力やスキルを携えて労働市場に入るが、それらの能力やスキルは原材料の一つであり、利潤追求やイメージ向上のための会社の活動によって形を決められ商品化されるという考え方がますます広まっているという点にある。すなわち、労働者は企業理念の具体的表現となっているのである。

かくして雇用主は、雇用、選別、および養成のプロセスを通じてこれらの体現された性向を動員、開発、および商品化し、それらを、顧客の意識にアピールするサービスの「スタイル」を作り出すことを目指した「スキル」に**転換**するのだ。（同前、強調は原文）

管理プロセスによる感情の転換に力点を置いたホックシールドとは視点を変え、ここでは、体現化の方式も等しく現代雇用慣習において転換されていると捉えている。ウィッツらはブルデューの考え方を踏まえ、体現化の方式が単に外見にとどまらず身体的資本を表すものとして、それを持つ者のハビトゥスと社会的位置を示すことを明らかにしている。こうした身体のあり方の図式は、固定したものではないが、社会的関係の場における過去および現在の位置をはっきりと示している。しかしながら、ウィッツらが指摘するとおり、ブルデューは第一に階級の再生産に注目しており、考察は社会的レベルに集中している。そのため、ブルデュー理論を他の文脈において適用するには解釈が必要となる。ウィッツらは、ゴフマンを「新たな視点から」読み解きつつ（1959, 1967, 1971 : Witz et al., 2003 による引用。p. 38）、審美的労働のケーススタディーとしてブルデュー理論を現代の職場に適用したのだった。

組織**としての**美学は、マーケティング素材やオフィスなどの企業の「ハードウェア」に浮かび上がってくる。そこには、デザインを通じて組織の理念が表現されているのだ。一方、組織**のなかの**美学は「ソフトウェア」、すなわち社員を型に嵌《は》めること、挙動や外見が職場に「なじんでいく」ことと関連している。この「ハードウェア」と「ソフトウェア」が融合してきたというのが、ウィッツらの理論の主眼である。

ソフトウェアとしての従業員は、組織の余剰生産プロセスの一部となり、そして組織アイデンティティを体現するものとなるために、組織によって構築されることを通じて、人間ハードウェアとなった。

（同前 p. 43）

また、「エルバ・ホテル」を取り上げたケーススタディーでは、ホテルの理念を体現できそうな有望人材をいかに補充し養成するかを明らかにしている。選抜された「適材」は10日間の導入プロセスで、コンサルタントから身だしなみや行儀作法について学ぶ。髪型や化粧をはじめ、外見の基準についての助言も提供される。このように、新しいサービス産業界では、労働者の感情だけではなく、身体の転換が行われるのだ。ウィッツらによれば、こうしたプロセスは、今日では多種多様な業種に広がっている。

私たちが言いたいのは、この審美的労働はもはや、風変わりだったり特異的だったりすることもある組織、あるいは進取の気性に富んだ個人の偶発的イニシアチブではなく、従業員と顧客が直接顔を合わせて言葉を交わすような新登場のサービス産業の一部門の経営の観点から、熟慮の上で決定された特性となっているということである。

（同前 p. 50）

この意味で、今回のサロン利用客のインタビューで得られた結果は、ウィッツらの主張を裏付けているといえる。というのも、業種は異なるとはいえ、セラピストの客との接し方のレベルは、身体的な規制のレベルに影響を及ぼしていると思われたからだ。

前述の論はともに説得力のある主張を多く含んでいる。これらは、職場でのパフォーマンスのジェンダー化された性質、およびそれらがどのように読み取られ差異化された規範に従って報いられるかに注目したアドキンス（Adkins, 2001）の報告など、他の組織に関する研究報告と合致している。この労働プロセスを通じたプロセス内でのアイデンティティ形成も中心的論点の一つとなっており、ホックシールドの主張に加えて、感情は単に隠したり顕わにしたりというものではなく、感情の管理を通じてその人を変容させる働きをすると述べている。同様に、ウィッツらもアドキンスもともに、仕事における身体パフォーマンスの管理は、従業員および従業員としてのアイデンティティの**創出**に関与しているのであって、単にアイデンティティの**認識**に役立っているのではないと見ている。しかしながら、その種のパフォーマンスの遂行にはエッセンス化された**女性の**身体が必要だというタイラーとハンコックの論には疑問を感じる。後述するとおり、ビューティー・サロン利用者の職場や仕事において身だしなみがどんな役割を果たしているかを見ていくと、必要となるのは規制された身体のある特定の形態であるという方が的を射ているようだ。男性のサロン利用が増えている主な理由の一つが、男性にもますます求められるようになった「組織に相応しい身体」を作るためである。つまり、ずっと以前から女性の身体がそうだったように、男性の身体もますます商品化の対象となってきているのだ。こう考えると、その過程で身につけるスキルは、女性的なものというよりも、むしろ女性化されたものといえるだろう。実際、ウィッツらは、審美的労働は商品化された交換プロセスを超えた何かというより、プロセスの真の一部となっており、商品化の対象は女性の身体だけではなくなっていると指摘している。

ところで、主に次の点で、私はウィッツらの考え方に賛同できない。労働者に生じる性向の性質について、ウィッツらは、「こうした体現された性向は、従来考えられていたよりも柔軟性が高いと思われる」(p.41) と主張する。エルバ・ホテルは、ホテルのニーズにぴったりの有望な人材を探す、そして10日間の導入プロセスやその後の管理テクニックを通じて、会社が従業員を作り出すというのだ。この「ニーズにぴったりの」タイプの従業員の選抜は、機会や潜在能力という表現に包み隠されてはいるが、明白に差別といえる。たとえば社員募集では年齢や身長体重に制限が設けられ、面接では応募者の性向が詳しくチェックされるが、こうした雇用プロセスは、何年か前の雇用機会均等法の施行によって違法となったのではなかったか？　これは単に、差別を禁じた法の網をくぐるための経営テクニックだろうか？　あるいは、求職者の自己選抜、つまり資格や希望する職種とマッチするかどうかを求職者の側で判断させる手法だろうか？　ウィッツらは、採用された後の導入プロセスに重点を置いており、審美的労働の候補者の選抜に関する観察データの意味についてはは掘り下げていない。

また、労働者の身体的な潜在能力は、ブルデューが認めた以上に柔軟性があると主張しており、ブルデューの分析力がいくぶん弱くなっている。これらの体現された性向の重要ポイントは、それが反映する社会的位置およびその土台をなすハビトゥスが長年の間に確立されたもので、身体的状態を通じてアイデンティティと身体の織りなす糸に染み込んでいる（Bourdieu, 1984, 1990）ということだ。社会的空間を移動することは、自分の置かれた社会的空間とハビトゥスが合致しない状況では重大な不安定さにつながりかねない。たとえば、ローラーの報告（Lawler, 1999）は、労働者階級の背景を持つ女性が中産階級に移動した場合に、その女性の生活において生じる不安や不安定さを如実に描き出している。変化は可能であるとはいえ、痛みなしにはすまないことを、まざまざと示しているのだ。前述したエルバ・ホテルの例では、10日間の導入プロセスで新規採用者の身体が抜本的に変化することはないだろう。選抜プロセスで好まれた潜在能力がすでに必要とされる従業員タイプと一致している場合を除いて、短期間のトレーニングで深く染み込んだものを取り除くのは無理というものだ。そうであるならば、この分析が当てはまるのは、特定の経済分野の特定のタイプの労働者のみということになるだろうか？　ブルデューの資本という概念を用いる場合、この美の要素が重要な部門で雇用されるためには、ある特定の資本が必要なのだろうか（Bourdieu, 1984）？　特に、身体的性向や、服装、髪型、消費パターンに顕れるハビトゥスは、雇用の「資格」となるのだろうか？

ブルデュー自身は、外見への関心と職場での外見の重要性は相関性があるとはっきりと述べている。労働者階級で家の外に勤めを持っていない女性は、「美の支配的規範を満たす」ことはないだろう(Bourdieu, 1984, p. 206)。対照的に、小市民階級《プチブル》の女性は、「提示《プレゼンテーション》および表現《リプレゼンテーション》」(同前)が関わる職業に強い関心を持ち、「品位ある振る舞いや正しいマナー」(同前)に投資する。この論が正しいとすると、従業員の階級背景や民族について詳細に問いただす必要がある――すなわち、サービス業に必要な資本を持つか持たないか、および習得可能とすれば容易か否かなどを明らかにする必要がある。習得可能であるならば、そのプロセスで美容産業はいかなる役割を果たすのだろうか? 以下、感情労働／審美的労働を巡って入り乱れた見解を整理してみたい。そのためのツールとして、ビューティー・セラピストの仕事と身だしなみが、サロン利用客の職場生活にどのような役割を果たしているかを取り上げたケーススタディーを使用する。

ビューティー・セラピストの仕事における感情労働

ビューティー・セラピーの世界に入るタイプの人間は「与える人」なの。そうじゃなきゃいけないのよ。「取る人」はビューティー・セラピストにはなれないわ。いいセラピストは、お客様に幸せな気分でお帰りになってほしいと思うものよ。「はい、終わりましたよ。ベッドから起きて、お金を払ってね」なんて即物的な考えはお門違い、そんな人はいいセラピストじゃないわ。いいセラピストにとって最大の報酬は、セラピーが終わってお客様が笑顔でお帰りになることなのよ。

（ウェンディ　BT）

ビューティー・セラピーのどんな点が感情労働または審美的労働とつながっているといえるのか、また、感情労働という切り口は、セラピストの仕事を理解するのに役立つのか？　ビューティー・セラピーの業界は雑多でまとまりがないが、今回の調査に参加してくれたセラピストたちは、ビューティー・セラピーが提供するさまざまなサービスをひっくるめた総称的なサービスがあるかという問いに対して、全員が**フィーリング**と答えている。

I　ビューティー・セラピーを、雑多な専門的サービスの寄せ集めではなく、**まとまりのある一つのもの**にする要素はありますか？

アマンダ（BT）　私たちは、お客様にいい気持ちになっていただこうとしているわ。この点は、セラピスト全員に共通することだと思うわよ。気分をすっきりさせ、自信がもてるようにして差し上げるのよ。

この点は、何度も口にされ、さまざまに表現された。

［お客さんは］満足感が得られるわ。それまでは考えもしなかったような心地よさを味わえて、一度やってみれば気分がすっきりして、いいことだってわかるのよ。「神は自らを愛するものを愛す」って言うでしょ。人間は、自分以外の人を幸せにしてあげるべきよね。（ナタリー　BT）

サロンでのケアや手入れによって実際に外見が変わることをセラピストたちは否定しないし、製品や機器の使用に必要な専門技術知識も軽視していない（もっとも、一部の製品や処置については、喧伝されるほどの効果があるかどうか疑問視しているようだった）。しかし、ビューティー・ヤラピストの労働が生み出す成果は、総称的に**主観的**といえるものだった。

美しくなるお手伝いをするんだと思うわ。幸せな気分になってもらうの。お客様は、その時間は注目されているわけ。それって、お客様のふだんの暮らしではたぶん得られないものなのよ。（ジリアン　BT）

客との人間関係

セラピストは、客に助言を提供する熟練専門職であると同時に、客が求めるものを提供し代価の支払いを受けるサービス業者でもあり、この意味で客との人間関係にはアンビバレントな要素を感じている。加えて、今回インタビューしたセラピストたちは、仕事の一部にはカウンセリングが含まれており、親密だが距離感を保った聞き手の役割を果たしているとも語った。サロンで提供されるケアの範囲とは関わりなく、すべて、客の個人的ニーズや状況に対する心配りを踏まえて提供されるのだ。

お客様が来店なさったとき、まず、「こんにちは、息子さんの結婚式はいかがでした？　パーティーは盛況でしたか？　デートは楽しかった？　映画はどうでしたか？」って話題を振るのよ。そうすると、お客様は……「あら、覚えててくれたのね」って感じるみたい。だれだってそんな風に、つまり、自分は好感や関心を持たれてるんだって感じたいものでしょ。そう感じさせるのが、「ビューティー・セラピストの」仕事だと思うの。（アマンダ　BT）

こうした気遣いの表れ方は、個々のセラピストの性格に応じて十人十色だ。つまり、ビューティー・セラピーの「産物」には、標準的といえるものはない。

何というか、**自分の**お客ができてくるの……一人一人のお客が基盤になっている部分がとっても大きいわね。

（イベット　BT）

ビューティー・セラピストは、こうした自分の得意客を作り上げることで、自分自身をサロンにとって価値ある存在とする。そして、セラピストが店を変わると、得意客も一緒に店を移るおそれが常にある。セラピストが全身全霊で自分に注意を向けていると客に感じさせるために、セラピストは客との間に人間関係を築き上げなければならない。この過程でセラピストは、自分自身の感情の制御が必要となる。たとえば、トリートメント中に客がどの程度おしゃべりしたがっているか、何について話したがっているかを察する必要がある。フェイシャルやマッサージのときは、

話しかけていい場合と黙っているべきときをわからなきゃいけないの。リラックスしたいときには週末にどこに出かけるなんてしゃべりたくない人もいるのよ。バカンスに出かけるからイメージチェンジしたいなんてこと、話したくないかもしれないでしょ。

（ジャネット　BT）

セラピストは、会話をコントロールし、物議を醸しそうな話題に引き込まれたり、自分でそうした話題を持ち出したりしてはならない。このように微妙な領域を避けることは、基本的な職業倫理の一つである。

ルールのようなものがあるのよ。宗教やセックスや政治は口にしないとか、話題にしてはいけない主な項目を知っておくこと。だからといって、緊張し過ぎちゃいけないわ。四角く構えてビューティー・セラピーについて話すだけじゃダメ、お客と一緒にいてリラックスできなくちゃ。セラピストも一人の人間だってことを示さなくちゃね。そしてね、話したがってるお客に対しては、もっぱら聞き役になるのよ。

（ジャネット　BT）

サロンのくつろいだ雰囲気のなかでは信頼感や親近感が助長されやすいが、そうした状況はセラピストにとって対応が難しいこともある。いらだちを抑えるのに苦労することもあるようだ。

私たちをまるでウェイトレスのように思っているお客もいるわよ。無遠慮ったらないのよ。「この仕事、ほんとに気に入ってるの？　一日中、爪を研いでばかりなんでしょ。他人にマニキュアするのって楽しい？」とか、「ずっと腰掛けたままでワックス脱毛なんて、私だったら退屈でとても耐えられないわ」とか。そりゃ私だって退屈よ。だけど、お客にそんなこと言えないでしょうが。ただ、にやっとして聞き流すしかないわけ。

（カースティ　BT）

ときに、特に経験が浅い場合など、こうしたセルフコントロールが難しいこともある。セラピストは、情感を込めて客に対応しなければならないが、自分の感情が不必要に波立たないようにしなければならない。聞き役としてのニーズと、「リラックスした客」に接する上で必要とされる朗らかさや従順さを両立させなければならないジレンマから、セラピストは、トリートメントの種類や製品についての客の選択が適切ではないと感じても、はっきり口に出せないこともある。セラピストの立場は、専門職としての見解を主張するほど強くはないのだ。ダイアンは次のように語る。

［お客から］「あなたから薦められたクリーム、ぜんぜん効かないのよ」って言われたとき、言いたくもなるわよ、「そうですね。私のプロとしての目で見ても効いてないと思いますよ。だって、使い方が正しくないですもの。それが、プロとアマの違いなんです」ってね。専門職であって同時にサービス業というのは、とっても厳しいわ。両方の役をこなすのは、ほんと大変よ。

（ダイアン　ＢＴ）

これは、美容産業の第一線で働く人間が抱くであろうジレンマであり、美容院《ヘアドレッサー》の場合も例外ではない。客に感情面で仕えることは、美容師《ビューティシャン》自身のアイデンティティにとって強化であると同時に弱体化でもある。一方では、客に信頼されるアドバイザーとなることで、自分が客の友人であり、口には出さないが平等の存在と思える。セラピストと同じ目的を果たしていることでも、専門職としての立場を確固たるものと感じることができる。しかし同時に、自分のことは二の次にする献身的な友人であると思うことで、ヘアスタイルを決めるときには、自分の客《パトロン》の好みを、自分の意見よりも優先することを余儀なくされる。（Gimlin, 1996, pp. 524-5）

自己規制《セルフコントロール》や客の気分や望みへの従順さを要求する「専門職としての意識」そのものが、信頼できる専門知識をきっぱりと明言することをためらわせる場合もあるのだ。

感情労働のためのトレーニング

ビューティー・セラピストの仕事は客の主観的なニーズに対処するという点で、カウンセラー、精神分析医、看護師、心理療法家と似ている。このように自負しているものの、対人関係のスキルがどこから発するか、セラピストたちは把握し切れていないようだ。インタビューでは大半のセラピストたちが、この種のスキルは正式な職業訓練よりも日常的な経験を通して身につくと考えていた。あるセラピストは、客の感情的なニーズへの対応は、単に「気がついて反応すること」と説明した。

よくわからないわ……お客が出す信号を読み取って反応するだけのことよ。サロンに勤め始めたばかりのころは知らなくても……お客の言葉や身振りから察知できるようになるのよ。
（ジュリー　BT）

ジュリーによれば、そこでは彼女自身の性格が大きくものを言っている。

お客さんに接するとき、私は「地のままのわたし」だわ。もちろん、話題にしてはいけないこととか基本はここ［カレッジ］で教わったわ。でも、お客さんとの接し方は私自身のやりかたよ。習ったことじゃないわ。経験して身に付いたものなの。
（ジュリー　BT）

学校を出たばかりの若いセラピストは人生経験が浅く、それが問題である。インタビューでは、NVQの問題は資格中心の制度になっていることだという指摘が出た。

つまりね、NVQ制度では16歳の女の子が合格して新人で入ってくるわけよ。スキルもないし、人生経験もあったもんじゃないわ。あの娘たちの話題ときたら、自分の新しいボーイフレンドのこととか、地元の店で騒いだこととか、もっぱらそんな類。お客さんのほうが困っちゃうわよ。

仕事を始めたばかりの頃は自分の未熟さを痛感したと、数年前の思い出を語ってくれたセラピストもいた。こうした問題は新しいことではないようだ。

（コレット　BT）

トレーニングコースには大きなギャップがあると思うわ。実世界に対する準備ができないのよ。カレッジに入ったとき私は20歳で、無知そのものだったわよ。そんな私に、お客さんたちは一番の秘密を打ち明けるの、親友にさえ言わないようなことをね……私ときたら未熟で対応なんてできやしなかった。でも話を聞こうとしたわ。素質の全然ないティーンズの娘たちも多いわね。

（スー　BT）

「客との人間関係」という課目を教えているジリアンは、次のように述べている。

本に書いてあったり頭で考えることと現実は、まったくの別物……まるっきり違うのよ。

（ジリアン　BT）

美容学校の教師たちによると、サロンで必要となる感情面の仕事について学校で学生たちに全然教えていないわけではない。しかし全体としては、感情面の仕事に関するトレーニングは、ほとんどが、授業のなかでより、むしろ実地経験を積むなかでそれとなく行われると教師たちは考えていた。

なかには言葉になっているのもあるけど、でも大半は……そうね、暗黙のルールみたいなものだわ。仕事をしていくなかで身につけていくものなの。［指導者は］この場合にはああしろ、そういうときはこうしろって教えてくれるわ。でも、実際に現場を踏んでみると、いろんなことがあるものよ。［学生の］話を聞いても、サロンの現実場面では、それこそさまざまなことが起こってて、自分で解決策を見つけ、そこから学んでいくのよ。　（ジリアン　BT）

カレッジで教える別のセラピストは、こうした学習では経験と学生自身の個性の双方が影響するという。セラピーの技術的な面だけに興味を持つ学生たちは、感受性豊かなセラピストにはなれないだろう。少数だが、最初から人間関係の才能がある学生もときにはいる。だが、大半の学生の場合は、まじめに訓練を積み人間的に成熟することで能力が培われていくというのだ。こうしてみると、ビューティー・セラピーは高度なスキル教育と理論的知識を伴うものだ（そして、それゆえセラピストはもっと高く評価されて良い）と主張しながら、中核スキルと自ら認めたものを正式なトレーニング課程のなかで位置づけることができない。矛盾なきにしもあらずなのだ。

感情労働者――風俗業にあらず

セラピスト本人の説明によると、セラピストの提供するサービスは、如才なさ、思いやり、相手の感情を汲みとることなど、女性が「女性として生きてきた」ことで培った、もしくは持つといわれるスキルが必要である（Davies and Rosser, 1986, p. 109）。こうした女性の資質を、非常に女性的な空間のなかで、ほぼ女性だけに提供するビューティー・セラピーの仕事は、二重の意味でジェンダー化されている。しかし、きわめて**ジェンダー化**されているとしても、アドキンス（1995）が観光業に関する調査報告で述べるような意味で著しく**性的な要素が強い**わけではない。アドキンスによれば、接客を伴うが程度の高くない職の女性は、服装や外見に関する特定の規範――男性労働者には適用されない――を守ることを要求される。この規範は、女性労働者がきちんとした、しかも伝統的な異性愛を土台とする魅力に照らして妥当な魅力的外見を持つことを求めるものだ。

ビューティー・セラピストの場合、勤める職場のタイプによって求められる外見が変わってくる。白衣、メークは控えめ、マニキュアは透明のみといった病院《クリニック》のイメージに沿った外見を要求される職場もあれば、もっと女性的な外見が求められ、服装も化粧ももう少し華やかさが認められる職場もある。共通するのは、清潔でこざっぱりと見えなければならないという点だ。「病院」的な外見という規範を離れると、性的要素の強化の方向に行きすぎる危険が生じる。これは単に、サロンの客のほとんどが今のところ女性だからではない。実際、インタビューでは数人から体毛の脱毛・除毛を中心に男性市場が広がっているという話が出た。ビューティー・セラピストの外見と人となり《ペルソナ》の性的要素の強化が危険となる可能性があるのは、まさに、男性市場が成長しているからなのだ。サロン経営者で自身セラピストでもあるアリスは、新しい男性客を受け入れるときは非常に慎重になる必要があると、次のように語った。

知らないお客様のときは、ただ「背中だけします」とだけ申し上げます。電話で問い合わせがあったときも同じで「背中だけ」と答えます。常連の女性のお客様の薦めでいらした男性には全身マッサージも提供します。でも、電話口ではそのことは言わないし、初めていらした男性のお客様には何も話しません。細心の注意が必要なんですよ。

（アリス　BT）

サロンのサービスのなかで身体《ボディ》関連のメニューを増やそうとすると、みだらなニュアンスのあるマッサージ・パーラーと混同される危険を招く。セラピストに、自分の性が女性であることを全面的に押し出すのをとどまらせているのは、この恐れにちがいない。しかし、自己提示において自分の女性性をまったく口にしないことも考えがたい。

本当にセラピストなのか？　サロンにおける感情労働

ホックシールドは、感情労働とは「他者の精神状態を適切なものにする表情を維持するために感情をかき立てたり抑圧する」ことを労働者に要求する仕事であると定義している（Hochschild, 1983, p. 3）。したがって、「感情労働」には、労働の「対象」である人（客）の感情と、労働を実行する人の感情の双方が関わってくる。ホックシールドが調査したフライトアテンダントは、不快な側面（窮屈な座席や閉鎖的空間、危険も起こりえる飛行）を伴う経験を楽しいものとするため、乗客が心地よさを感じ、信頼感を抱き、安全だと思えるようにしなければならない。ビューティー・セラピストも同様で、脚などの毛を抜くときの、ずっと些細だが非常に具体的な痛みに対する感情に対処しなければならない。

多くの感情労働は、組織の要件、特に従順な客という要件が満たされることによって実行される。トレウィーク（Treweek, 1996）が高齢者施設に関する研究で明らかにしているように、職員は、たとえ一部の入所者の感情的ニーズが満たされないことになるにせよ、施設運営がしやすくなり作業に中断がおきないようにして入所者を迅速に「処理」できるようにするため、感情面のかかわる仕事のルーチンを作り上げていることがある。しかも、感情労働は短期的な組織の必要という切り口からのみ理解することはできない。ホックシールドは、フライトアテンダントの感情面の仕事は、競争市場において固定客をつかむことを狙いとして、実にきっちりと策定され標準化された手順となっていると主張する。ビューティー・セラピストの仕事についてもほぼ同じことが言える。セラピストの仕事は、サロンの繁栄が製品を売ることと固定客をつかむことの二つに大きく左右される、商品化された職場でなされている。

しかも、セラピスト自身がしばしば言うとおり、ビューティー・セラピストの感情労働は看護師のような非営利的な仕事に近いという見方もある。感情労働は、まさに、他人の身体を「あつかう」仕事をする人に要求されるものなのだ。身体に親密に触れる仕事ほど、感情面で敏感であることが重要となるだろう。こうした敏感さに欠けることが医者への批判の本質にあるし、看護師という職業に対するイメージの重要な一部分となっているのも、こうした感情面での鋭敏さである（Smith, 1992）。手で触れることは親密さの大きな指標であることにセラピストは気づいている。こうした親密さを好まない客に対しては、セラピストは客の不安を鎮める別の方法を探さねばならない。一方、それが好ましく感じられる場合、触れることによる親近感が別のレベルのコミュニケーションを推し進めることもある。この点は、インタビューでも数人が指摘した。こうした場合、たとえばセラピー中に客が自分の家族や配偶者の問題を打ち明けたときなど、セラピストは、最初の目的とは違う、また明らかに身体とは関わりのない感情に対処しなければならない。

もっと重要なのは、なかには（皆が皆というわけではないが）自分の身体に不満があるためにサロンに通ってくる客がいるという点に、セラピストが気がついていることだ。客の感じている不満は、ふつうは、ある特定の部分についての不安や羞恥や心配、あるいは世間でもてはやされる女性美の基準に達していないという意識である。インタビューに応じてくれたセラピストたちはみな、この種の圧力をかけるのはサロン以外の職場やメディアであって、自分たちセラピストは理想の女性美をあがめたり水準に達していないという気持ちを煽り立てるようなことはしていないと考えていた。自分たちは、客が「ベストの自分になる」ことを手助けするための協力者だと自負している（参考資料として、Sharma and Black, 1999）。セラピストたちは、自分自身の考え方に沿って、セラピー（トリートメント）を施す。それは、客の容姿の欠点だけでなく、客の主観的な気持ちにも働きかけ、客を安心させ、自信をつけさせる。

ホックシールドの分析によると、感情労働はサービス産業においては労働プロセスの一部として公然と認識されている。適切に実施されれば、客に幸福感を与え、客の忠誠心を高める。フライトアテンダントの感情労働は明らかに航空会社の業績と結びついているため、会社がフライトアテンダントの行状を綿密に監視し、外見や態度に問題があると判定された場合は訓戒することも驚くにあたらない。フライトアテンダントの身体と人となりは、会社の事業活動においては道具なのであり、労働者自身の健康と福利にきわめて重大な影響を及ぼすおそれがある（Hochschild, 1983; Tyler and Hancock, 2001）。営利のための人間商品化の究極の例といえよう。

ビューティー・セラピストの仕事も商業ビジネスの最前線にあり、セラピストの感情労働はビジネスの成否を左右する重要因子だ。それなのに、感情に対処するために必要な労力の経費は軽視されがちだ。もっとも、一日中立ちっぱなしで他人のニーズや感情と取り組む仕事がストレスに満ちた疲れるものだという認識は、確かにある。

家に帰ったとき……すっかりくたくたなこともあるわ。だって、仕事の間中、空きっ腹を抱えながら、それなのに、いつもにこにこして、お客が聞いてくることは何でも答えられる好感の持てるセラピストを演じてたわけよ。実際は、朝９時からなんにも食べてなくておなかがすいて死にそうなのに。

（ジャネット　ＢＴ）

しかし、感情に対処すること――自分が客を「幸せに」したという意識――は、セラピストにとって仕事の満足感の源泉でもある。感情労働はストレスと満足感の両方をもたらすもので、それがふつうなのだろう。ホワートン（Wharton, 1993）はホックシールドを、感情労働の心理的・物理的原価を過大評価し、それがもたらす満足感を過小評価していると批判した。ホワートンによれば、実際の感情面の要素と同じくらい重要なのが労働条件で、特に、労働者に与えられる自主性の程度が決定的に重要だ。タイラーとハンコック、それからウィッツらの研究でも同様に、感情労働または肉体労働への従事から得られる専門職としての満足感が重要性を持つ可能性は、ほとんど顧みられていない。

ビューティー・セラピストが自分の感情労働を評価するとき、そこには多数の労働条件が関わってくる。第一に、ビューティー・セラピストの仕事は、低賃金ではあるが、直接的あるいは立ち入った監督を受けることはない。少なくともイギリスではそうだ。一般に、セラピストは準個室で仕事をする。サロン経営者は、セラピーが終わった客の外見を目にするが、個々のコンパートメントで行われる作業には立ち入らない。セラピストの仕事にはプライバシーが必要であり、そうしたプライバシーを持つに値する、信頼できるという専門職の責任を自分の裡に確立している――セラピストはそのようなものだと思われている。セラピーが共有空間で行われることが一般的なアメリカやカリブ海諸国では、こうした仕事環境はあまり明白ではない。しかし、客が安らげるように気を配ることを含むセラピストの職業倫理は同じであり、それゆえ、ビューティー・セラピストにとって、感情労働の側面は高水準の専門的仕事の報酬の一部となっている。

第二に、フライトアテンダントのサービスとは違って、セラピストが提供する成果は標準化不能なものである。客への挨拶や特定の製品の勧め方など、業界誌には一定の形式が紹介されているが、セラピストたちは、自分のサービスの仕方には常に独自のスタイルがあると強調する。それに対する客の好みもさまざまで、サロンの客たちは、それぞれのお気に入りのセラピストがおり、そうしてサロン全体が繁栄する。実際、セラピストの独自性を尊重しているサロンの方が、サービスの仕方を標準化された方法に統一しているサロンよりも繁盛する。すなわち、セラピストは一人一人、自分のスタイルを確立するためにも、またサロンの秩序を乱さない範囲内で個々の客のニーズに応えるためにも、ある程度の自主独立性を必要とするのだ。このスタイルの非標準化と顧客ニーズへの対応の柔軟性を、オッフェはサービス業の特徴の一つだと指摘している（Offe 1985；Adkins, 1995 による引用。p. 6）。最終的な目標は顧客の満足という成果だが、目標への到達方法に関して、ビューティー・セラピストはある程度の自由を持っている。

第三に、セラピストは同じサロンに長く勤めることはあまりないようだ。養成課程を修了し数年すると、多くのセラピストは、「訪問サービス」専業（フリーランスになり、客の自宅に出向いてサービスを提供する）、サロン勤めと「訪問サービス」の兼業、あるいは自分の店を持つなど、それぞれ方向性を持つようになる。サロンに勤めつつ訪問サービスや養成教育を手がけるケースもある。こうした形で仕事を進めるには、たとえ店に勤めていても、なにがしかの独立した起業家の精神を持つことが必要だ。会計学、経営学、ビジネス・スキル全般についてのトレーニングを積むことで、起業家精神はいっそう助長される。他のセラピストには提供できない（少なくとも客にはそう見える）自分独自の経験を買ってくれる固定客グループを作り上げることが必要になる。そうすれば、別のサロンに移ったり訪問サービスに変わったときに、固定客の一部は付いてきてくれるだろう。美容業界が断片化していることも、多様性を生み出す土壌になっている。大企業が所有し経営するサロンでは、スタッフの服装や接客法は明らかに統一されたものとなりがちだ。そうした管理方式が嫌な場合、セラピストはかなり自由に店を変わることができる。

このように見ていくと、ビューティー・セラピストの仕事は、タイラーとハンコック、あるいはウィッツらが言うような規制の厳しいサービス業の一つではなく、むしろ保健関係者や美容師の仕事との類比性が強いようだ。以上にあげた要素はすべて、ビューティー・セラピストは感情労働者として自分自身のパフォーマンスを管理制御する、大きな責任を負っているに違いないことを指し示す。仕事の感情に関する側面は肉体的・精神的な負担であると同時に満足感の源であるとビューティー・セラピストが捉えている理由は、ここにある。それがホワートンの分析だ。フライトアテンダントのように自分自身の感情を隠さなければならない状況が少なくないものの、セラピストの場合、そのやり方には独創性がかなり許されている。インタビューに応じてくれたセラピストのうち、養成コースで教えてもいるという女性は、決まり切った方法や標準化された（決められた）反応に逃げることなく、客に対応するよう指導する必要があると強調した。絶対に、「ベルトコンベヤ」式に対応されていると客に感じさせてはならないのだ。

感情労働はビューティー・セラピストの仕事の中心的要素であり、しかも、精神的・肉体的な負担であると同時にプライドの源泉ともなっている。ところで、審美的労働についてはどうだろう。セラピストは審美的労働も行っていると言えるだろうか。確かに、ビューティー・セラピストの身体は、仕事の場面設定のなかで規制されている。どのように自分を処するかについて、陰に陽に教育される。セラピストの仕事に就く女性はそれ以前から外見に関心があるということもたぶん本当だが、補完療法と重なる部分が大きくなるにつれて、ビューティー・セラピーの焦点は、「見た目がよいこと」から「気分がよいこと」に移っている。しかも上述したすべての理由から、産業としてのビューティー・セラピーはこの審美的プロセスに完全に支配されているわけではない。セラピストの労働条件は多種多様で、仕事の場もさまざまだ。業界は断片化しており（その原因の一つは第2章で述べた歴史の結果だ）、多国籍大企業の支配が及ぶのはごく一部にすぎず、個々のセラピストが経営する小規模ビジネスにおいては身体面のコントロールに定まった方法はほとんどない。新人採用にあたっては、確かに「相応しい」タイプが選ばれるという要素があるが、なんといっても業界の大部分では、人選は多種多様なルートで行われる。なぜなら、セラピストに関する評定は仕事場で定まるからだ。そして、離職率が高いことは、雇用主が好む人選プロセスによる選定が必ずしも最適ではないことを意味している。労働者だけでなく顧客も、圧倒的に女性だということも決定的に重要である。つまり、ビューティー・セラピストが審美的労働を行うのは、支配的多数を占める男性客にアピールするためではない。女性客が求めるものは男性客とはまるっきり異なる。バランスの良い行動、性的な匂いがなく、「場違い」ではなく、そして絶対に「脚は長いが頭が空っぽの女」ではない振る舞いなのだ。しかしながら、ビューティー・セラピー業界は今、大変化のさなかにある。異性愛の男性客が増えていることもその一つだ。したがって、今回の調査では見えてこなかったが、将来的にはセラピストの肉体労働に関する認識や規制が浮かび上がってくる可能性もある。

感情労働――セラピストの葛藤

多くの感情労働の本質的特徴、それは外からは見えず認められないこと、そして長年それに携わってきた人間には、見えないことの結果が十分にわかっていることだ。その代表的な例が、女性労働者の対人関係スキルである。それらは、単に女性に本来的に備わっているものであり、努力や訓練で得たものではない(したがって、報酬の対象とはならない)と見なされている。ホックシールド以後の感情労働に関する文献からうかがえるのは、認知の重要性である。フライトアテンダントに関する調査では、感情労働は労働者の身体と感情を著しく搾取するものだが、会社は顧客満足感のために決定的に重要であると認めており、トレーニングを行っていることが報告されている。しかし、このように認知されトレーニングが施されているのは一部にすぎない。感情への対応のスキルは仕事の試行錯誤を通じて習得するものと考えられており、きちんとしたトレーニングも行われなければ、サポート態勢も整っていない。看護学校について調査したスミス(Smith, 1992)によれば、メディアや雇用情報誌には気遣いや思いやりという看護師のイメージが氾濫しているが、養成コースでは思いやりや気遣いについての取り上げ方は不十分で、大半の学生は、自分自身の感情を制御したり患者の気持ちに対応するスキルの開発に関して指導を受けることはほとんどない。看護の世界以上に感情労働が目に見えない分野もあり、そこでは、職務説明で感情労働が触れられることはなく、世間一般の職業イメージにも欠けている。デイヴィーズとロッサー(Davies and Rosser, 1986)は、例として病院のアドミニストレーターについて報告している。

アドミニストレーターは、自分の仕事が複雑な状況で——特に悲嘆に暮れる患者やその身内に対応せねばならないとき、如才なさや想像力が必要とされることを知っている。それでいながら、仕事のそうした側面やそのために必要なスキルは病院という組織のなかでは目に見えない。なぜなら、アドミニストレーターに採用されるのは、一般に家事や育児を通じてそうしたスキルが身に付いている成人女性だからだ。この点、これらのスキルが明確に把握され、実際に新人養成プログラムに組み込まれているというウィッツらの報告（Witz et al., 2003）とは実に対照的だ。デイヴィーズとロッサーは、成人女性の人材が尽きてしまったら、男性や若い女性ではとうてい同じレベルの仕事はこなせないだろうと指摘している。

その理由は、仕事をするのが女性だからでも、「女性のやり方」で仕事がなされるからでもない。単に仕事の質と仕事をする人の能力が融合しているからということですらない。むしろ、そうした融合が起こり、そして融合したことで女性のスキルが見くびられ、ないがしろにされているということの双方が理由なのである。

(Davies and Rosser, 1986, p. 110)

労働者が成人女性以外の場合、この種のスキルについては正式に教育が必要なことがもっとはっきりしている。ビューティー・セラピストたちは全体として、「セラピーの実施」には感情労働が関与していることに注意を喚起することを通じて、ビューティー・セラピストに対する世間のステレオタイプ的な見方、つまり「見た目はいいが脳のない女」でスキルなどほとんど必要としない些末な仕事をしているというレッテルを排斥することに一生懸命だ。しかし、このアプローチはリスクが大きいかもしれない。感情労働のベースを、ほぼすべての女性が人生経験を積むなかで自動的に身につけるスキルにおくならば、それは、認知と正当性を求める基盤としては危ういものがある。

感情労働の特徴は、特に女性労働者の場合は、その種の労働に関わるスキルが認知されていない、あるいは単に当たり前と思われていることだと言ってよいだろう。そして、認知されている場合は、感情面の振る舞い方が押しつけられる。たとえば、フライトアテンダントは徹底的に演技するよう強いられるが、そのことで労働者の側は犠牲を免れない。したがって、自分の感情労働について認知を求めようとすると、にっちもさっちもいかなくなってしまうのだ。

サービス業向けのサービス業——客の仕事とビューティー・セラピー

ビューティー・サロンの客が受けるサービスは、サービスの性質、客のサロン通い正当化の理由、および客の生活のなかでサービスと最も関連が深い領域を基準として分類できる。この「領域」は、ヘルス・トリートメント、小さな贅沢／自分へのご褒美《パンパリング》、定期的な身だしなみ、そして補整の四つに分けられ、そのうち、客の仕事環境を理解する上で重要なのが、身だしなみである。これまで、ビューティー・セラピストの仕事における感情労働の役割について述べてきたなかで、最近になって審美的観点が導入された職場を巡る論議も紹介した。美容産業全般の成長、ビューティー・サロンやネイルバーの広がり、そして男性向けの美容関係の製品やサービスの伸びの理由の一つとして、ここでは、美容産業がこのプロセスに寄与していることを上げたい。ビューティー・サロンは昔から女性にとって退避の場であり、ちょっとした贅沢であり、そして「妥当な」女性らしい外見を保つための場所であった。女同士の友情を育む社交の場でもある。今日ではそのほかに、男女を問わず仕事を持つ人たちが身だしなみを整えるためにサロンのサービスを利用するケースが増えている。

職場における身だしなみ

仕事では、そうね、少しおとなにならなきゃって思うことがあるわ。おとなになるってことは、身だしなみがきちんとしてるってことみたいなの……それで、髪をもうちょっと何とかして、リップスティックもつけて……みたいなことを本気でやってみようかなって思うの。

（ローラ）

今回は男性にはインタビューしなかったが、セラピストの話から、男性客がどんなトリートメントを利用するかが明白になった。男性の場合、「身だしなみ」に分類されるサービスが圧倒的に多い。実際、男性向けビューティー市場の成長は、身だしなみ製品という点をはっきりと打ち出した差別化に支えられている。マーケティング関係者の表現を借りれば、女性はビューティー・サービスを買い、男性は身だしなみ製品に関心を寄せるのだ。サロンで提供される男性向け身だしなみメニューは、マニキュア、フェイシャル、それに背中や胸や肩などの脱毛などだ。女性向け身だしなみサービスもあり、メニューは、マニキュア、眉の整形、フェイシャル、睫毛染め、脱毛となっている。いずれも、全般的な身だしなみを整える――むさ苦しく見えないようにするためのもので、虚栄や美容とは無関係だ。むしろ、毎日の手入れの一部と見なせるだろう。車の定期点検、つまり全体的な性能を高め評価額が急に下がらないようにするためのメンテナンスのようなものだ。定期的にちょっとした手入れを続ければ、外見ががらっと変わらなくても、身体《ボディ》に気を配っているという全体的な印象を与えることができる。

毎日やれることをやって、それでベストの自分でいられればいいと思うのよ。よく言われるの、デートの時も普段のままなのねって。でも、土曜の夜にデートするときだけ特別おめかしするより、いつも心がけてケアするのがベストだっていうのが私の考えなの。「平均していつもかなりいい」っていうのがベストだと私は思うわ。

（ニーナ）

身だしなみのためのサロン通いは、仕事上必要だからという理由が多い。何がリロン通いに踏み切らせるのかについて話したとき、「小さな贅沢」としてのサロン通いがストレス発散のため、「自分のための時間」、あるいは「自分はそれに値する」という理由によって正当化されるのに対して、身だしなみを整えることはむしろ必要事項と捉えられていることが判明した。なぜ必要なのかという問いには、「許容できる」レベルの外見――ここで「許容できる」レベルとは、仕事場での認識だ――を保つためという答えが返ってきた。また、時間の節約になることも魅力のようだ。マニキュアが身だしなみとして必要と見なされている場合、プロにやってもらう方が手っ取り早い。保ちがよいし、短時間ですむ。眉の整形や睫毛染めも同じで、化粧の手間が省けるから出勤前の朝の貴重な時間の節約になる。

フェイシャルもいいかなと思うけど、いつもは睫毛染めよ。でも、それは仕事がらみなの。あか抜けて見えるし、それに朝のメークの時間がちょっと短くてすむもの。

（マデリーン）

サロンでは、身だしなみケアはアフターファイブ、昼休み、あるいは週末の定番メニューになっており、仕事を持っている男女が各自の職場のニーズと自分自身の身体手入れプランに合わせて利用している。

だから、ちょっとした波があるわね。みんな、脚かたっぽだけ［脱毛］とか、眉のトリミングだけ受けて、脱兎のごとく仕事に戻っていくわ。（イベット　BT）

仕事の場での審美化

身だしなみが仕事と関連していると捉えると、身だしなみケアのプロセスは著しくジェンダー化しているといえる。これは、いわゆる仕事場および労働力の女性化に拠るところが大きい（Massey, 1984 ; Jenson et al., 1988）。たとえば、西ヨーロッパでは1980年代から女性の社会進出が活発化して仕事場での女性の比率が高まり、こうした変化に伴って、産業構造の再編が進み、サービス部門の雇用が増え、伝統的な業種や重工業の比率が低下したと言われている。しかし、最近では、こうした女性化を原因とする見解に疑問の声が出始めている。その好例が、真に女性化と関連しているサービス業の仕事は何かについて、詳細な検討が行われるようになったことである。ジェンダー化されたスキルの境界は変化しており、込み入っているにもかかわらず、労働市場ではなぜ気配りや人に奉仕することが、すなわち女性のスキルと見なされるのか（Adkins, 2001）と問われるようになってきた。

アドキンスによれば、こうしたプロセスは、むしろ「審美化（aestheticisation）」という概念で捉えるほうが有効である。一部の職場では外見や印象やスタイルが重視されるが、それはスキルの女性化というより、むしろ職場においてスキルを認知し報酬の対象とするプロセスと関係しているというのだ。また、このプロセスは高度にジェンダー化したままであり、女性化説が示唆するほど女性にとって利益となっていないという。

労働環境における「パフォーマンス」という概念は主に三通りの用法があると、アドキンスとラリー（Adkins and Lury, 2000）はいう。第一は、仕事がますます個別化してきて、成功するためには状況や相手に素早く反応する自己創造という能力が要求されることと関連する。たとえば、ベック（Beck, 1992）は、今日では労働市場における地位を決定するのは階級やジェンダーよりも、むしろこの個別化したプロセスだと言う。第二は、演技性はサービス部門の仕事が演劇の構造を持つことと関連する。ホックシールドの感情労働に関する論は、この線に沿うとよく理解できる。最後に、第三としてパフォーマンスは、現代組織ではスタイルや外見や自己提示についての言及が増えていることと関係がある（Adkins and Lury, 2000, p.164）。アドキンスとラリーは、この第三の視点からパフォーマンスを捉えている。

彼らが出発点としたのは、ラッシュとアーリの論（Lash and Urry, 1994）――以前は生産の技術面に焦点が絞られていたが、労働の審美的側面および情動的側面がだんだんと重視されるようになったという主張だ。この主張は、経済の基盤が製造からサービスや消費にシフトしたことと照応するといえる。このシフトに伴って個別化のプロセスが進み、この「脱伝統」のプロセスの産物が自省的な主体

（reflexive subject）である（Lash and Urry, 1994, pp. 4-5 ; Adkins and Lury, 2000 による引用。p. 152）。また、従業員の身体に関する管理の強化や労働者の精神面への介入の増大などの職場管理テクニックも、このシフトに寄与している。

アドキンスとラリーは、こうしたプロセスが、これらの要件に敏感な労働者が身につけ示した演技性スキルに単純には報酬を与えず、また、ますますマネジメントに支配されつつあることを実証した。だがそれだけでなく、高く評価された職場アイデンティティは普遍的なものではないと論じている。自立的で、ストレスに耐え、身だしなみがよく、意欲的な労働者、企業理念を体現する労働者とは、きわめてジェンダー化された存在である。ようするに、この勤めを遂行するのが男性であれば、彼らの努力は報酬の対象となる。特に若い男性は、ますます、この職場アイデンティティの実現からもたらされる報酬を意識するようになっている。対照的に、時間と金と労力を費やして同じような成績を上げても、女性の場合は、その労働が報酬の対象となるスキルと見られることは少ない。女性本来の特徴として片づけられることが多いのだ。規制の強い労働環境で要求されたことを実現したとしても、女性の場合は、単に自然に備わった女性的な特性にしたがって行動しただけと見なされ、そして、身だしなみに問題があったりすると罰せられる。たとえば、マデリーンはいじめに発展した男性上司との対立について話してくれた。この上司はマデリーンを嘲笑するとき、彼女の姿格好をやり玉に挙げたという。

自分があんなにけんか腰になるなんて思いもしなかった。面目ない話よ。同僚に完璧に身だしなみの良い女性がいるんだけど、あの人たち［雇い主］は、いちいち私と彼女とを比べてね、「少しは彼女を見習えよ」って言ったの。私は受付にいたから、黙って聞くしかないじゃない、もう恥ずかしいったらなかった。穴があったら入りたいってあのことね。わたし、そんなにだらしない格好をしてたのかなあ？　言われるほどひどくはなかったと思う。だけど、ものすごく辛かったわ。

ここで浮かび上がってくるのは、女性労働者が睫毛を染めるのと、男性管理職のマニキュアとの意味の違いの大きさだ。しかし、男性の身体がかつてない形で商品化されつつあることも事実である。女性の身体は昔から商品化の対象でモノとして扱われてきたが、今日では、男性の身体もますます交換システムに組み入れられるようになってきている。審美化をめぐる議論の正当性確認に決定的に重要なのが、この商品化という要素である。男性が身体の手入れをすると報われるのに女性は報われないのはなぜかを理解する上でも、商品化という概念は重要である。アドキンスとラリーは、身体を中心に据えた職場パフォーマンスの広がりについてのウィッツらの見解を踏襲し、自己《セルフ》の管理が市場交換価値を持ち得る商品となってきたと主張する。

しかしながら、報酬も制裁もともに、労働力全体のなかで占める位置、およびジェンダー・アイデンティティと関連していることは明白だ。男性の場合は身体への投資という労力が認知されるが、女性の場合は慣習に反するときは別として、そうしたパフォーマンスは認知の対象とはならないのだ。

サービス業従事者の身だしなみとしてのビューティー・セラピー

ビューティー・セラピーは成長する美容産業の一角を占め、利用者の生活のさまざまな面のニーズを満たすための多様なサービスを提供している。すなわち、労働者が職場での制裁を避けたり、報酬を得るために必要なサービスを提供するビューティー・セラピーは、サービス業にサービスするサービス業だと言えるだろう。実際、こういう要請に沿って、他のサービス産業も伸びてきている。その一つがイメージ・コンサルティングであり、ウィッツらのいう「対話《インタラクティブ》型サービス業」においては不可欠の要素となっている（Witz et al. 2003, p. 35）。ウェリントンとブライソン（Wellington and Bryson, 2001）は、イメージ・コンサルティングが職場で提供されるサービスの一部となっている状況として、次の三分野をあげている。第一は服飾小売業で、顧客に着こなしについて適切なアドバイスができるよう従業員に「自信と専門知識」をつけさせるために用いられている（p. 939）。第二は専門職従事者の場合で、目的は身体を造りかえることだ。いわゆる「イメージチェンジ」である。変身によって「自信がつく」ことは従業員自身にとって利益があるだけでない。新たな服装や外見を通じて、より社風に適った、いっそうプロらしいイメージを発信するようになる。第三の状況は、接客業務に従事する従業員向けのワークショップとして実施されるもので、ここでは顧客サービス教育を発展させたトレーニングが行われる。

ウェリントンとブライソンによれば、コンサルティングの利用客は法人も個人もあるが、圧倒的大部分を女性が占めている。イメージ・コンサルティングが成長産業であるという事実は、明らかに、「審美的観点が導入された」経済においては、この種のサービスのニーズが高いことを示すものだ。労働者自身も競争市場で有利な立場に立つためのスキルを強く意識するようになっており、非公式のイメージ・コンサルタント――つまり、ビューティー・セラピスト――の手を借りたいと思うようになっている。こうした状況を受けて、従来の「自分へのご褒美《パンパリング》」としての美容エステは拡大成長しつつある。新しいタイプのサービスが加わり、これまではサロン通いに関心のなかった女性が興味を持つようになり、身体資本への投資が仕事上の利益につながると気づいた男性も、サロンのドアをくぐり始めている。

今回の調査に参加してくれたサロン利用客は、どの程度、「審美意識の強い」経済に組み込まれていると言えるだろうか。仕事場に相応しい服装や髪型や化粧についてのルールがあり、誰もが実感していることは間違いない。しかし、仕事で不特定の顧客と会う必要がどれほどあるかによって求められるレベルが異なるし、顧客との会合に会社を代表して出席するときにはフォーマルな服装が求められるなど、ルールには柔軟性がある。非製造業では、人と会う必要や会社を代表する責任の大小が、従業員の服装や振る舞いに対する規制の厳しさを左右する中心要素だった。とはいえ、インタビューで語られた仕事場での外見から、社風を体現するパフォーマンスが完全に鮮明になったわけではない。もちろん、今回の調査に参加してくれたサロン利用客や対象としたサロンのタイプには、こうしたプロセスが最もはっきりと表れているサービス部門の特定業種の従事者は含まれていなかったからでもある。ウィッツらは、彼らが論じている「最先端産業」がどのような業種から構成されるか、明確に定義していない。しかし、その種の業種が増えていると考えられるという点では、ウィッツらも、またタイラーとハンコックも同意見だ。

サロン利用客の話から明白になったのは、ジェンダー、そして程度は劣るが階級パフォーマンスを軸とした規制が、仕事場にどのくらいあるかということだ。職場でいじめにあったマデリーンの例を振り返ってみよう。彼女の外見についての批評は階級に基づく美意識から発している。マデリーンは中産階級の出身で、現在は金持ちではないが、アクセントにしても、芸術や旅行への興味をとっても、文化教養の香りを漂わせている。着こなしも「洗練されて」いる。しかも外見に時間や金を掛けているようには見えない。実際、着るものはリサイクルショップで見つけたものだし、メークもしていなかった。インタビュー時点でマデリーンはエンジニアリング会社で受付をしており、上司は労働者階級の出身だった。彼女の服装に関する批判は、階級対立、そして審美的意識の強い職場での「好み」の相対的表現をめぐる衝突の色が濃い。女らしくおしゃれであっても、それだけでは制裁を逃れられないのだ。マデリーンの状況で求められていたのは、階級を基盤とした、つまり会社の顧客や経営者や従業員の嗜好に適った女性性を表現することだったのである。ようするに、これは、伝統的な製造業——新しいサービス業部門の分析対象から意図的に除外されている——における雇用の実態の例である。しかも、マデリーンの仕事は会社の受付、来客に応接する目立つ業務だった。この職種は人目につき、雇い主が従業員の外見に干渉する傾向が強いことは、インタビューでもはっきりしていた。

状況や相手に素早く反応する自己創造性に富む労働者が非常にジェンダー化されており、特に異性愛者のアイデンティティを持つことをきわめて明白に実証したアドキンスとラリーだったが、こうしたアイデンティティの根っこにある階級の役割については曖昧なまま残している。それは一つには、二人が用いたのが、自省的に自己を創造していく現代西側資本主義の労働者に重点を置いた調査だったからだ（Lash and Urry, 1994）。いわば原子のように個別化した労働者は、階級のような伝統的な社会関係には組み込まれにくく、むしろ、変化する忠誠関係の内部から直接的に市場を経験する傾向がある。アドキンスとラリーは、どんな役割やスキルが女性的で、何が男性的かをめぐる前提を不問にしているとして女性化説の中心的要素を退けたが、実際には階級という視点を分析に加えると、この議論はかなり説得力が出てくる。たとえば、ラヴェル（Lovell, 2000）は次のように述べている。

> 文化資本としての女性性が、予想外に広く通用しはじめているといういくつかの証拠がある。労働市場全般に、ステレオタイプの女性的スキルに対するニーズが高まっている。（Lovell, 2000, p. 25）

労働市場においてサービス業の雇用が優勢になるにつれて、

伝統的な労働者階級の男性性の属性よりも、労働者階級の女性性が競争力のある市場価値を持ち始める可能性がある。（同前）

労働者階級のアイデンティティに注目すると、製造業で重視されていた伝統的な男性的スキルはだんだんと隅に追いやられていることが見える。この変化は、労働者階級の男性よりも労働者階級の女性が持っていそうなスキルを必要とする業種、つまりサービス業や管理部門の拡大と歩調を同じくしてきた。サービス部門に焦点を当てることは、階級分化したアイデンティティの相対的価値を研究することでもある。

今回の調査では決定的といえる強力な証拠は得られなかったが、サービス部門の雇用が拡大するにつれて、背景のさまざまな女性たちがサービス業に引きつけられていると言えそうだ。この動きは、労働者階級の男性よりも労働者階級の女性の間で顕著だ。この意味で――もっぱらこの意味においてだけだが――、女性性はますます重要な文化資本になっているというラヴェルの主張は正しい。サービス業で求められる身体への規制は、以前は小市民階級《プチブル》の美的嗜好を軸としたものだった（Bourdieu, 1984）。だが、サービス業、特に従業員と顧客の交流が必要な業種が成長するに伴って、美容産業が提供する身だしなみを利用する必要性を感じる女性が増えている。こうした女性たちはたぶん、それ以外にも健康や幸福の追求に積極的で、こうした活動は労働者の余暇の一部となってきている。ビューティー・セラピストのサービスを利用するのは小市民階級《プチブル》の女性というのは過去のことで、今日では、増えつつある中産階級の一部、「サービス階級」と呼ばれることもある（Butler, 1995）層も、ビューティー・セラピーを利用するようになっている。また、旧労働者階級の女性たちがこの種の職種に従事するようになって、ビューティー・サロンのサービスを利用し始めていると言えよう。この身体面が重視されるサービス部門では、男性も自分の身体の管理に労力を注ぐようになってきている。ただし、彼らの労力は女性の場合に比べて、不釣り合いに手厚く報われている。

こうしてみると、ビューティー・セラピーは、美意識が高まり演技が重視されるようになった最近の労働環境に必須の一部のように思われる。外見と自己規制が重視される状況では、労働者もセラピストも立場の違いにかかわらず、女性はこれらの「商品」に投資する必要がある。男性にとっても必要性は高まっている。こうして、身体を軸にした余暇活動という面に加えて、サービス産業にサービスするというビューティー・サロンの役割が急拡大してきている。

第5章 きれいになると、気分もいい

ビューティー・サロンで健康増進

「きれいになると、気分もいい」という第5章のタイトルは、私が調査したある町の病院で行われていたプログラムのキャッチフレーズだ。このプログラムは、がん病棟の患者に美容術《ビューティー・トリートメント》を受けてもらったり、メークや（治療で髪の毛が抜けた人のための）ウィッグについてアドバイスするというもので、身体に関心を持つことで「自信を高め」させることを狙いとしている。そして、場所こそ病院内だが生物医学的な治療《トリートメント》ではなく、一般的な意味での健康に役立つものだという点を強く打ち出している。

サロンでも、ヘルス・トリートメントはサービスメニューの一つになっている。多発性硬化症（MS）などの慢性的な症状を和らげるため、あるいはもっと全体論的《ホリスティック》な意味での健康増進のために、サロンに通ってくる人たちがいる。ヘルス・トリートメント目的の客がサロンをどのように利用するかを理解するにあたって、最初にこうした相違点を取り上げ、「健康的なライフスタイル」という概念の枠組みのなかで捉えてみたい。ビューティー・セラピストは、自分たちは医療従事者に似ているといい、特に看護師をあげることが実に多いが、この主張を、セラピストの専門職としての地位や、客の健康にどのように貢献するかという点から検討する。自分たちの仕事は心身両面を対象とし、客が精神的・身体的にもっと健康になるようカウンセリングも行うというセラピストの主張は、医療職や各種の補完療法とセラピストとの関係に照らせば理解できるだろう。ビューティー・セラピストと医療機関の協力は増えているものの、ビューティー・セラピーはむしろ一種の補完療法、「健康的なライフスタイル」を構成する余暇活動や消費行動に影響するものとして理解する方が適切に思われる。

健康とは何か？

これまでにも何度か指摘したが、社会学や人類学の分野では長いこと病気が関心の的で、健康が注目されるようになったのはつい最近である（Saltonstall, 1993; Nettleton, 1995）。その理由の一つは、健康とは病気ではないことという定義にある。病気でないことが健康という否定形の定義は、医学的観点から発している。最近になってＷＨＯ（世界保健機関）は、健康とは「身体的、精神的、および社会的にすべてが良好な状態」であるという（かなり理想主義的だが）肯定的な定義を発表した（Nettleton, 1995, p. 41)。現実には、生物医学的な健康と全体論的な健康と素人の考える健康とは分離しがたい。素人定義には生物医学的な要素が含まれているが、一般の人々は生物医学が支配的な領域における健康観を受け入れるのだから当然だ。医療機関でも、生物医学的なアプローチと、より全体論的なアプローチを組み合わせている。

いうまでもなく、素人の健康観は複雑だ。矛盾もあったりして、定義するのは容易ではない。初期の調査では、否定的な健康観（病気ではないこと）と肯定的な健康観（ある範囲におさまっていること）があり、健康な状態とは、病気ではないこと、個人の気質や性格によって定まる「余裕」があること、そして良好な状態であることの三つの要素から構成されることが報告されている（Blaxter, 1990による引用。p. 14)。他の研究でも、一般の人々の健康観はおおむねこうしたいくつかの見方に分かれること、ただし健康観は社会的地位と強く結びついていることが明らかになっている。

ブラクスターは、イギリス国民の健康とライフスタイルに関する調査で、すべてに当てはまるとは言えないものの、いくつかの大まかな健康観を打ち出すことに成功している（Blaxter, 1990)。第一に、「否定的」な見方をベースにすると健康は定義しにくく、そしてこの定義に沿うと健康な人はほとんど誰もいなくなってしまうという点が明らかになった。言い換えれば、健康というのはごく当たり前のもの、ふつうの日常生活の一部である、それゆえ定義しろといわれると困ってしまうということでもある。第二は、健康は病気ではないことという否定形で定義されるということだ。この概念については経済的地位の違いによる偏りはないとする点でブラクスターは他の研究者と論を異にしているが、概念の使われ方は回答者の健康状態と密接に関連している。ほとんどパラドックスのようだが、高齢者や慢性病を持つ人ほど、健康は病気ではないことという定義に賛同しない傾向があるのだ。つまり、健康とは、悪いところがあったり病気でも良好でいられる能力だとも定義できる。たとえば、病を持っていても症状を感じていない人は健康と見えるかもしれない。同じように、慢性的に悪いところがあっても、素人の目には健康と映ることもあるだろう。第二に、健康とは余力、すなわち病から回復する能力とも考えられる。さらに、「健康的なライフスタイル」という切り口からの定義もある。とりわけ若い人たちは、「たばこを吸わず酒を飲まない人」が健康的だと定義する傾向がある。こうした見方の回答者からは、健康は個人の責任であり、病気にかからないことは道徳的責任とつながりがあるという意見もしばしば聞かれた。健康を肉体的に元気なこととする見方もある。やはり若い人たちに多い考え方で、60歳以上の男女の間では少ないようだ。ブラクスターの指摘によると、健康から肉体的な力強さが連想されることは、男女を問わず健康的という言葉で思い浮かべるのが圧倒的に男性のイメージであることを説明している(Blaxter, 1990, p. 24)。健康を生気《エネルギー》や活力《バイタリティー》として捉えることで、肉体的な力強さや丈夫さと精神的な健康が結びつく。精神的な健康では、前向きな気持ちや「生命《いのち》がみなぎっている」という感覚が焦点になる(p. 25)。男女の大きな違いの一つとして、女性は健康を社会的な関係で定義する傾向が強いという点がある。男性の場合、社会的関係を含める人は自分自身の気分と関連づけており、健康状態が自分の気分や他人との交わりにどう影響するかという視点から捉える。それに対して女性の場合は、年齢を問わず、自分の健康は他人との社会的な関係に左右されると位置づけがちだ。健康であるという気持ちが、他者への心遣いなど対人関係面の能力に影響するのだ。人は、生気の面でも社会関係でも健康であってこそ、社会のなかでの役目を果たし同時に毎日の生活でのさまざまな役割を果たすことができる。この意味で、健康は、両方の健康要素の組み合わせであると言える。最後に、健康とは精神面で幸福なことだという見方がある。この健康観は、生気や社会関係からの見方と密接な関係にあるが、身体的要素とは無関係に純粋に精神的な状態から捉えているという点で、一つの健康観として分類できる。精神的な要素は、しばしば全体論的な見方に組み込まれている。男女ともに、幸福感や安心感が大切だと考えている。

以上は、イギリスの一研究から浮かび上がったいくつかの健康観の概略である。ここからも、実際問題として健康の定義や評価がいかに難問かが明白だ。カルナンが指摘しているように、抽象的な健康の定義は、日常生活の指針となっている健康の定義とは似ても似つかない。したがって、日常レベルに立脚した健康観のほうがはるかに実用的だとカルナンは言う（Calnan, 1994, p. 75）。

しかしながら、ここで特筆すべき点は、行動という切り口で捉えると、健康と病気は切り離して理解できるかもしれないということだ。たとえば、「健康的なライフスタイル」を送っていても病気にかかることもある。

健康と関係のある社会的行動と、病気と関係のある社会的行動は、必ずしも同じではない。論理的に分離できるかもしれず、因果の論理も異なるかもしれない。すなわち、従来考えられていたのとは違って、病気の原因と健康維持とは全く別の概念なのだ。

(Nettleton, 1995, p. 45)

ビューティー・サロン利用客の健康にかかわる行動を理解し、また健康への貢献についてのセラピストの自己認識の状況を理解するにあたっては、この点を区別することが重要だ。後述するように、なかには病気の症状を和らげることが目的の場合もあるだろうが、サロン通いはむしろ一般的な意味での健康増進のための行動といえる。ビューティー・セラピストは自分たちの仕事は医療従事者と似通っているというが、それは、生物医学的な観点からというより、全体論的な観点から自分をセラピストと見なしているためである。

このように、健康の定義によって人間の生活の強調される面も異なってくる。共通するのは、ますます広義の概念になっていること、そして、医学的な概念から、いわゆる健康的とは何かについての「全体論的」な色の濃い概念に向かっていることである。定義そのものが多様になっていることも、生活のなかで個人の健康を基準として定義できる領域がますます広がっていることを意味する。たとえば、今日では健康的あるいは不健康な**ライフスタイル**という言い方がふつうになっている。ＷＨＯはライフスタイルを次のように定義している。

最も広い意味での生活条件と、社会文化的要素や個性によって定まる個人の行動パターンとの、相互作用を基盤とした生き方全般。

（ＷＨＯ健康教育部 1993, p. 229）

このライフスタイル概念には、きわめて広義の社会的状況と個人の行動の双方が含まれており、したがって「健康」を、生活のほぼ全領域に照らして定義し理解しようとしている。これは、ライフスタイルとして認識できる一貫性のあるアイデンティティを表現するためにマーケットリサーチ会社や社会科学研究者が用いる用語を、ＷＨＯがある程度は受け入れたということでもある。この定義は広義の社会的状況を含むという慎重な立場をとっているものの、他のライフスタイルという概念の用い方では、個人的な行動、自己責任が大きな比重を占める行動に焦点を当てている。ＷＨＯの定義は社会科学分野の定義とは異なる点があり、現代社会についての社会科学の理解とずれもある。ライフスタイルについては後でもう一度取り上げるが、重要なのは、ビューティー・サロンやそこで行われる健康増進のための活動が客の広義の生活状況にしっかりと織り込まれるにつれて、客の健康や幸福の感じ方を理解する上でのビューティー・サロンの役割が重要になっていることである。

健康な人とは？

健康を定義し評価する上では社会的要素が重要だとするＷＨＯ見解を踏まえると、程度の差はあれ、健康的な人々の相対的な社会的地位の調査が可能となる。たとえば、サヴェジら（Savage et al. 1992）は階級区分に着目し、職業や収入と関係する中産階級内部での違いを検討した。具体的には、ブルデュー（1984, 1990）にならって、各クラスの経済的資本および文化的資本の相対的な量について述べた後、階級の違いに焦点を絞ると、消費パターンや独特のライフスタイルを理解できると主張したのである。サヴェジらによると、中産階級のライフスタイルは、明白に審美的、ポストモダン、没個性（undistinctive）の三タイプに分かれ、ジェンダーや年齢も影響するが、それでも各タイプの特徴は維持される。没個性的ライフスタイルは、いわゆる「組織人間」で、特に管理職や官僚に多い。こうした職にある人たちは、市場との接触があまりなく、伝統的に失業の不安も小さい。興味のあるスポーツは釣り、ヨット、ゴルフなどありふれたもので、余暇は都会を離れて過ごすのを好む（Savage et al. 1992, p. 116）。一方、審美的ライフスタイルは公共福祉分野の仕事に従事し、文化的資本は相当に豊かだが経済的にはそれほど富裕でない人たちに認められる。このタイプの生き方の特徴は、「健康的な」ライフスタイルに関心が高く、さまざまな身体作りに取り組むことである。身体を軸にアイデンティティを確立することで、文化的資産を身体的な形で蓄えることができ、それが、経済的資産を持たず、管理職や官僚のような安定した地位や雇用の保障に恵まれないことを埋め合わせてくれるのだ。「異国風の」食べ物や旅行を好むことも、文化的資本への投資の延長線上にある。三つめ、ポストモダンのライフスタイルは、高収入と結びついた過剰と耽溺の文化的要素を含み、健康と身体の維持に関する面では審美的ライフスタイルの側面を備える。法律、金融、人事・経済コンサルティング、マーケティング、広告、財務コンサルティングなどの専門職に従事する人に見られるタイプだ（同前 p. 115）。この種の専門職の人たちは、派手な消費が可能な経済的資本を持っており、伝統的なエリート文化を「見分けられる」文化的資本を身につけている。健康については審美的ライフスタイルと同じアプローチをとるが、それを商品化された形で解釈している。

三つのタイプのうち健康の維持や増進という点で理想的な形に最も近いのは、たぶん、審美的ライフスタイルだ。サヴェジらは健康そのものに注目してはいないが、彼らの分類法を用いると、健康や幸せの感じ方はライフスタイルと関連があること、そしてライフスタイルは、彼らの理論的枠組みのなかでは相対的な社会的位置づけの産物であることが理解できる。審美的ライフスタイルは身体の商品化や健康指向の習慣を理解するには役立つが、「審美的」という用語はいささか誤解を招くかもしれない。身体に関する習慣の実践は、少なくとも一部は非常に楽しいものだということ、そして文化的資産に加えて身体的な面が追及されるのはそれ故だという認識が欠けているからだ。この種の身体的習慣の好例がマッサージで、身体作りに役立つと同時に、受け手にとっては心身両面で快感をもたらす。

ブラクスターは、１９８０年代末のイギリス国民の健康関連の活動とスタンスに関する全国調査で、ライフスタイルと健康関連の行動を結びつけることに成功している。「良い」ライフスタイルまたは健康的なライフスタイルと結びつく行動の尺度として四項目が設定されている（Blaxter, 1990）。前述した各種の素人の健康観は、この調査から明らかになったものだ。調査では、たばこを吸わず、酒を飲み過ぎず、健康によい食べ物を口にし、定期的に身体を動かしている可能性が最も高いのは18～39歳の女性であることが判明した。興味深いのは、サヴェジらの調査によると、こうしたライフスタイルは、高収入、高学歴、そして専門職または技術職とも関連していることだ。ブラクスターとサヴェジらの報告を直接比較することはできないが、健康面で審美的ライフスタイルのグループ（サヴェジら）と、良いライフスタイルのグループ（ブラクスター）には重複する部分があるようだ。ブラクスターもサヴェジらもタイムスケールは大きな違いがなく、この点も重要だ。というのは、特定の文化的習慣が、イギリスの階級構造の変遷と密接に関連した新登場のライフスタイルに組み込まれていくさまが明らかにされているからだ。

ブラクスターは、健康的なライフスタイルと女性には、明らかな関連があると指摘する。サヴェジらも、明言はしていないものの、競技志向のチームスポーツが男性に好まれるのに対し、中産階級の女性には、ヨガやフィットネスへの指向や、乗馬クラブやヘルスクラブ通いとの結びつきが見られると述べている。サヴェジらの分類法は、サロン利用客の嗜好性を所属階級を基準として説明する方向に進んでいると言えよう。もっとも、ジェンダーの観点は不十分なままだ。

最近ではトムリンソンがイギリスの『健康とライフスタイル調査』を報告している（Tomlinson, 2003）。これは、１９８４年〜１９９２年の長期データに基づいた分析で、健康関連の行動は社会階級とつながりがあるという見解を裏付けるものだ。データが収集された期間だけにしぼると、階級と健康関連行動には明らかな結びつきが認められ、両者の関連の弱まりはうかがえない。トムリンソンは、飲酒や喫煙やスポーツ習慣といった行動を基準としてデータを「非健康的」、「活発」、「健康的」、「まじめ」の四グループに分けた。そして、「健康関連のライフスタイルが際だつグループが存在すること」を示した（Tomlinson, 2003, p.102）。ライフスタイルは社会的階層《ヒエラルキー》と関連するが、それだけでなく年齢やジェンダーにも左右される。社会階級が高いグループ、女性、高年齢層は、より健康的な行動と結びつく。階級の垣根を越えて、女性は男性よりも健康的である。もっとも、対象を女性に絞ると階級差の存在が明白である。

健康を最も広義に定義すると、フィットネス指向、食べ物に気をつけること、補完療法に関心を持つことなどは、現代イギリス社会でも他の先進工業国でも、だんだんと広がりつつある特定のライフスタイルと関連していることが明らかだ。クロフォードは鋭く指摘する。

健康マニアたち、健康的なライフスタイルを唱え自ら範を示す擁護者たちは、圧倒的に中産階級のようだ。労働者階級も、労働時間短縮、子どもの就労の廃絶、労働条件の改善を求める長い闘争のなかで健康に焦点を当ててきたし、近年では労働安全衛生が新たに注目されているが、今日、個人レベルで健康に夢中になるのは、（全面的にとはいわないまでも）明らかに中産階級の特質である。

（Crawford, 1980, p. 365）

次のセクションでは、こうした広義の概念へと変化している健康概念を理解するための説明に取り組もう。

医療化、身体管理、そして「健康的なライフスタイル」

これまでに紹介した研究報告を、医療、健康観、そしてライフスタイルという考え方を理解しやすいよう、より広義の理論に照らして捉え直してみよう。そうすると、健康についてさまざまな対立する解釈が生まれる。１９６０年代から１９７０年代にはマルクス主義やリベラル人文主義の思想を踏まえた医療化批判が起こった（Lupton, 1997）。批判の焦点となったのは、現代医学の二つの逆説的特性である。第一は、医療行為は効果がない、健康に有害なことすらあるように思われることだ。たとえば、イリッチによれば、健康を悪化させる有害な副作用をもたらすという点で、医薬品には医源性がある（つまり、薬のせいで別の障害や併発症が生じる）。その上、医療専門家への依存が高まることで素人の自主独立性が失われ、自己管理《セルフケア》能力が低下する（Illich, 1975）。第二に、このような負の影響にもかかわらず、医療専門家の影響力と権力は高まっている。フライソンは、医療専門家の自律と支配の双方が医療化（medicalisation）を推し進めたという（Freidson, 1970）。社会問題を医学というプリズムを通して捉え、社会や政治ではなく生物医学の用語で定義することが多くなってきた。要するに、医療専門家が社会を規制する役割を担うようになったのだ。伝統や既成宗教（特にキリスト教）の力が弱まるにつれて物事全般を科学で説明しようとする傾向が高まったが、医の社会規制の役割は、この傾向と軌を一にしていると言えよう。この意味で、現代社会はますます医療化が進んでいると言える。

医療の専門家に権力《パワー》が集中するようになった結果、素人の力《パワー》が低下し、自律が崩れてきた。たとえば、加齢や食生活はますます科学論の対象となり、日常の知識の領域から引き離されている。貧困など社会的不平等に起因する病気も医学問題として捉えられ、政治や社会の側面が軽視されるようになっている。次に、医療専門家の専門技術や知識が力を増すと、専門家以外の人々が排除されるようになる。専門家への依存度が高まり、自主的に行動する能力が奪われるのだ。この動きを批判する立場から、社会全般の「非医療化（demedicalization）」が提案されている。しかし、これは、医療専門家の活動に対する国の規制強化につながるおそれもある。また、病気にかからないようにする健康習慣や専門家の地位や意見を鵜呑みにしないよう奨励することで、素人や患者の力を強化する案も出ている。

こうした医療化批判は、「専門医療」についての相当に単純化された一面的な捉え方であり、断片化と特化が進んだ健康管理には当てはまらない。たとえば、イギリスでは、代替医療や補完療法に頼る人がだんだんと増えている（Budd and Sharma, 1994）。ビューティー・セラピーはもとより、健康教育の関連産業やジムは、こうした単純化された専門的な医療の概念のどこに居場所を見いだせるだろうか。医療化アプローチが現代の健康管理制度を変化させてきたといわれるが、実際には話は逆である。生物医学が変化の原動力なのではなく、専門医療が生活のさまざまな領域に拡人してきた結果、より広い変化プロセスに引き込まれ、その影響を受けているのだ。現代医学の医源性が人を無力化するというのは一方的すぎる。個人レベルや国全体としての健康上の利益は生物医学の発達によってもたらされたのであり、理想論から批判を述べてこうした利益を無視するのは公正さを欠く。ノーコー派の主張のような患者や素人の「権力強化」擁護論にも危険はある（Lupton, 1997）。健康に関する責任を専門家から素人に転化することで、いっそう個人化が進む可能性がある。また、自由化ではなく、別種の統制に発展する恐れもある。

> すなわち皮肉なことに、「脱医療化」への動きは、医療の視線が、人々の精神状態、対人関係のありかた、「ストレス」管理や「ライフスタイル」の選択を含めて、国民の日常生活にますます浸透することだと解釈できる。
>
> （Lupton, 1997, p. 107）

この批判を理解するためには、権力《パワー》と自己《セルフ》についての多種多様な見解をひもとく必要がある。フーコーによると、身体の管理に関する諸説からは次のような状況が明らかになる。すなわち、本来自然的に健康な身体や慣習行動がゆがめられたのは医療の支配が進んだからではなくて、人々の身体と主観性の双方にとって医学知識とそれを実践する専門家の影響力が増したからである（Foucault, 1990, 1991）。ここでは、力《パワー》は、医療専門家が強力になった分だけ素人の力が低下するというゼロサムゲームとは違う。フーコーは、力を社会生活のあらゆる面に無限の特徴として捉えている。「本来自然の」状態といっても、社会化する前の身体や状態は知ることも得ることもできないのだから、力を身体や健康の自然の本質を抑圧するものとして見ることはできない。むしろ、私たちを取り巻く社会関係や力の作用が、「身体とは」あるいは「健康とは」という概念そのものを創出し定義すると捉えるべきなのだ。ここでは、当然ながら、医療専門家の役割が鍵を握っている。フーコーは、17世紀以降、専門家の支配が増していった状況を描き（Foucault, 1991）、さらに、医療専門家が自分たちの活動の場を創出するために言説《ディスコース》を発展させたことを明らかにしている。このフーコーの切り口では、医療専門職を、言説と慣習行動と場所が緩やかに結びつく集合体として捉えることができる。

専門性の力（disciplinary power）の中心となる戦略は、観察、検査、測定を通じて、既成の規範に照らして個々人を比較し、彼らを可視的領域に引き入れることである。この戦略は、直接的な矯正や暴力を通じてよりも（こうした戦略は依然として時折用いられる点を強調する必要があるが）、むしろ、対象に対して所定の行動様式や思考方法が適切だという説得の形で行使されることが多い。

（Lupton, 1997, p. 99）

身体の管理は、単なる医療分野における特徴にとどまらず、社会生活の全側面に行きわたっている。ここに、西洋人の間の補完療法への傾倒が必ずしも好ましいとは言えない理由がある。というのも、補完療法もまた身体を監視し続けるという点は同じだし、それはミクロな力関係の兆候だからだ。こうした言説の形態は、監視や力の作用という形であらゆる関係や慣習行動に広がっている。医療化と逆のプロセス、つまり医療専門家から力を奪い、それを患者や素人の手に渡すことは不可能だ。力は特定の集団に固有のものではないし、特定の集団が固有のものとして保有できるものでもない。すべては、専門化され医療化された一連の言説に組み込まれており、それが考え方や振る舞いや外見を規制するのである。こうした理論がどの程度に抵抗や変化を許容するかについては諸説がある。フーコーのアプローチからは、非常に従順で統制された身体を読みとることができる。実際、フーコーは、力の競争的性質とその生産可能性を強調し、力の存するところには抵抗の可能性もあると述べているが、この抵抗がどのように生じるか、そしてどんな戦略が関わるかについては明言していない。さらに、周知の通り、ジェンダーや「人種」の問題についてもお茶を濁している（Ramazanoglu, 1993）。「身体」や「健康」について論じる場合、これらのアイデンティティとの関連において「健常さ」を構成するであろうものの差違を避けて通るのは適切でない。また、言説や慣習行動に関する主張では、身体に関する慣習行動を重視する一方で、生きている人間の肉体が軽視されるおそれもある。

これらのアプローチは両方とも、医学の社会学において医療専門職の作用と素人の健康観を理解する上で広く用いられてきたが、私は、ビューティー・サロンにおけるヘルス・トリートメントの意味を理解するにあたって、別の理論的枠組みを取り上げたいと思う。そのためには、「健康的なライフスタイル」という概念に戻る必要がある。トムリンソン（2003）は、食物の消費に関する位置を主要三タイプに分け、ライフスタイルとの関連における消費慣習行動を理解するためのアプローチに用いている。そのうち、本書との関連で重要なのは第一と第三である。第一の位置は、

ブルデュー説（1984）。階級によって社会的・経済的・文化的資本のレベルが異なるため、ライフスタイルには社会における階級位置が反映され、階級によってライフスタイルが異なるという見方。

（Tomlinson, 2003, p. 97）

第三の位置は、

「ポストフォード」主義。大量消費の時代が終わり、ライフスタイルはますます多様化してきたという見方。反省的社会学や文化の概念を踏まえ、人々は従来の意味での大衆や階級と結びつけられるのを望まなくなるため、伝統的な階級関連の消費パターンは消失するという考え方。（同前 p.98）

トムリンソンは、このポストフォード主義の考え方の例として、ベック（1992）や、ラッシュとアーリ（1994）をあげている。前述したとおり、トムリンソンは続いて、イギリスにおける健康行動が社会階級位置と合致していることを示す。彼は、「ポストフォード」派の見解、すなわちライフスタイルとは消費の選択を通じて自己を積極的に創出するプロジェクトであるという見方の特徴となっている、自省重視の考え方を退ける。そして、この社会認識に内在的な個人化は、結びつきの緩やかな個人の集合体を創出し、これらの個人は旧来の対立や確執を超えて連携することができると言う（Beck, 1992）。トムリンソンの場合、少なくとも食物消費や健康慣習行動との関連においては、この立場は実証的証拠の裏付けがない。この意味で、「健康的なライフスタイル」は、新しい同一化形式に見いだされる流動性の大きな自省というよりも、行動を導く性向の産物である。こうした「健康的なライフスタイル」の用法は、前述したサロンにおける女性性の生産に関する私の議論と一致する。ブルデュー理論における性向を階級だけに帰属させる見方に、私は一歩距離を置く。実際、トムリンソン自身、階級の垣根を越えて女性は男性よりも健康意識が高く、高齢者は若者よりも健康に気をつけると述べている。しかしながら、階級に基づく性向と、前述した妥当さ——もっと厳密に言うとジェンダーに関連する妥当さ——に関する私の論を組み合わせるなら、サロンにおけるヘルス・トリートメントは、特定の「ライフスタイル」のなかでの女性化されたアイデンティティの産物であり、こうしたライフスタイルは社会的位置に従属することが見えてくる。この背景《コンテクスト》を踏まえて、これから、サロンで提供される健康関連のサービスを検討してみよう。

ビューティー・サロンにおけるヘルス・トリートメント

サロンで提供される「ヘルス・トリートメント」サービスは、医学的に悪いところを軽減するために受けるものと、もっと一般的な、利用客の言葉を借りれば全体論的な意味で健康になるために受けるものに大きく分けられる。自分のための時間がとれたから、気になっていた容姿の欠点が修正されたから、あるいは、職場で求められる外見のための身だしなみが整ったからなど理由はさまざまだが、客はみんな、サロンでトリートメントを受けた後は「気分がよくなった」という。この点は重要だ。ここでは、実際にどんな効果があるかは横に置いて、いわゆるヘルス・トリートメントを受けた客の感想、心身の健康状態が良くなったという指摘に注目する。

サロンのトリートメントで軽減される病状は、医療機関で治療できるけれども国民医療保険（NHS）の対象にはなりにくものが多い。一般開業医の一部には、ビューティー・セラピストによるトリートメントは優れた代替療法だという意見もある。今回のインタビューでは、二名のセラピストが、病院内でがん患者にマッサージやメークを施したり、治療で頭髪が抜けた人にウィッグを世話するなどの「きれいになると気分もいい」プロジェクトで働いたことがあると答えた。精神疾患を持つ人向けの精神保健チャリティー活動の参加経験者も二人いた。今回の調査に参加してくれたサロン利用客では、ジュディスとサンドラの二人が、医学的な症状の緩和を目的にビューティー・サロンに通っていると述べた。ジュディスは反復性ストレス障害（RSI）を患っているのだが、かかりつけの医師からサロンでのマッサージを勧められたという。リフレクソロジーも受けているということだった。ジュディスが受けているマッサージなどは補完療法の一つであり、医療機関でも受けられるものだ。

私のかかっているお医者は、補完療法に賛成みたい。補完療法を試したがっているのかも。グループ治療は、ほとんどがメニューに補完療法も入れているようね。それ以外でも、ドクターたちが鍼とかリフレクソロジーに効果があるって思えば取り入れるでしょうし、そうすれば、30分くらいトライできるはずよ。

（ジュディス）

サンドラは、サロンでマッサージを受けると多発性硬化症（ＭＳ）の症状がずっと軽くなるという。もっとも、かかりつけ医はサロンでのトリートメントに懐疑的で、医療専門家は全般に助けにならないとサンドラは言う。

私は保健関係の仕事をしてきて、医者とも直接の関わりがあったわ。だけど、私が病気になったときの彼らの態度には、ほんとに愕然としたのよ。私って、本来とっても活動的な人間なんだけど、身体を動かせなくなったわけ。そうすると、医者は、まるで私が心気症かノイローゼかそんな病人みたいに扱うのよ。ひどいったらなかった。結局、医者とは縁を切ることにしたのよ。自分で自分にいいと感じることをやってみようと決めたの。

こうしてビューティー・セラピーやさまざまな補完療法を受けるようになったのだが、結果は抜群に良かったとサンドラは言う。

身体のどの部分、どの筋肉が悪いのか、自分でもわかるようになったわ。そして、そこをセラピストがマッサージしてくれると、ほぐれるのが感じられるの。最初はものすごく痛いんだけど、おしまいのほうになると痛みがずっと軽くなって、とっても気持ちよくなるの。長いこと多発性硬化症なんて病気を抱えていると、なんていうかな、慣れてしまうところもあるのね。それで、マッサージしてもらって少しほぐれると、ああ、実際はほんとにひどかったんだって実感するのよ。

他にもマッサージ、アロマテラピー、リフレクソロジーの利用者があり、これらは前述した二つめの健康の定義に該当する。利用者の話をまとめると、この類のトリートメントは、正式な医療の意味合いが薄く、一般的な健康の色が濃い。全体論的視点に立つと、心身の便益を次のように表現できる。

いいえ。まったく痛くないわ。私にとっては滋養なの。（スーキー）

生活環境に変化が生じると、この全体論的健康観がしばしば重要な意味を持ってくる。たぶん、加齢のプロセスに対処するための手段、あるいは、移行期を意味あるものにする方法なのだろう。たとえば、スーキーの場合、妊娠をきっかけに自分の心身の健康に対する関心が高まったという。

子どものいる友達から話を聞いていたけど、赤ちゃんというのはただひたすら寝てるだけでしょ。で、心から思ったのよ。赤ちゃんのために、精神的にもその他の面でも、できるだけリラックスした時間を持ちたいって。

つまり、以前のサロン通いは結婚式の準備のためだったが、今回は子どもを産むという重大事件のために同じように準備したいと思ったというのである。

めったに爪を伸ばしたりしないわ。爪を伸ばすのは特別なことで、結婚式の前がそうだったし、今度も赤ちゃんがおなかにいるわ。気分がゆったりしてくるのよ。

爪を伸ばすことは、日常の生活や仕事からの解放のシンボルであり、別の重要事項に集中するという姿勢を示すものなのだ。

マッサージをしてもらうと、とっても落ち着くの。あわただしい生活から、自分のための時間を切り取ってるみたい。養分を与えられてるって感じるのよ。（スーキー）

この健康関連のトリートメントへの指向は、人生を歩むなかで特別な引き金《トリガー》によって引き起こされたものだ。

10代《ティーンエイジ》のころは、とても自意識が強くて、容姿が気になってクリームや化粧品もやたらと試したけど、身体《ボディ》は二の次だったわね。だんだん年をとってきて容姿についての考え方も変わってきたの。自分に自信がついてきたからだと思うわ。おとなになって、容姿以外に自信の土台になるものをたくさん持てるようになったからね。だから、サロンはむしろ、健康づくりの一部になってきてるわ。

（スーキー）

ジョーンの場合、サロンでのトリートメントは、食習慣や運動習慣の変化、そして飲酒量が減ったことと結びついている。こうした変化は、仕事環境の変化への対応、ジョーン自身の言葉ではもっと「おとな」になるプロセスとして起こったものだ。

全身マッサージは30〜40ポンドかかるの。かなり贅沢なものだわ。私の場合、収入が増えてから、その分ストレスも増えたんでしょうね、心身の健康を強く意識するようになったのよ。マッサージが大好きなのは、きっとそのせい。身体と心の両方に効くのよ。

ジョーンは、少し前に仕事で昇進し、また28歳の誕生日も迎えた。そして、この二つの出来事が、「これからは、もっと自分のことを大事にする必要がある」と感じ始めた理由だという。だから毎日の生活のなかで、マッサージを受け、きちんとした食事をこころがけ、飲み過ぎないようにし、適度な運動をするようになった。このように、以前のサロン通いは結婚式など特別な行事のためであったこと、そして、キャリアを積むにつれてサロンで受けるトリートメントの中心メニューも変わってきたことは、ジョーンの場合も共通している。ジョーンのインタビューは、彼女の求めで地元のヘルスフード・レストランで行ったのだが、飲み物は私がコーヒーを頼んだのに対し、ジョーンは絞りたてのオレンジジュースを注文した。この点は興味深い。そしてサロンでのマッサージは、「解《デ》毒《トックス》作用がある、血液の循環によいし、肌の色つやもよくなる」という意味で、健康増進に役立っているのだ。しかしながら、最大の効果は、リラックスすることから発しているようだった。この意味で、健康は、心身両面に関わっている。ビューティー・サロンは、心と身体の両方の健康に役立ち、心身の健康を保つための習慣的行為《ルーチン》の一部となっている。

頭を切り換えるのに一年ぐらいかかったんじゃないかしら。一日の仕事が終わる頃にはクタクタで、ひたすら家に帰ってワインを流し込んでベッドに直行したいだけ……そういうんじゃなくて、時間をうまくやりくりできるようになるまでには、そう、そのくらいはかかったわ。今は大違いよ。自分の健康のことを大事にするようになって、身体にいいものを食べて、マッサージなんかのための時間を確保できるように生活を変えてからは、エネルギー・レベルが上がったみたい。昔のように、

何とかちゃんと生きていけるように思えてきたし。（ジョーン）

この二つの例はともに、ビューティー・サロンでのヘルス・トリートメントの利用は、生活状況の変化に左右されることを示す好例である。第3章では、時間の概念がビューティー・サロン利用の引き金となることについて論じた。サロンの利用の仕方は人生の時期によって変わり、人生における特別な出来事がビューティー・セラピストのサービス利用に踏み切る上での鍵を握ることを述べた。特別な出来事は、結婚や妊娠のように喜ばしいもののこともあれば、女性にとって忘れがたい衝撃となることもある。そして、この「ストレス」に対処するためにサロンのサービスを頼りにするのだ。セラピストも、自分たちのサービスについて同じ見方をしており、ビジネス拡大の一部門となると捉えている。

I　今後五年間に、そのほかにどんな変化があると思いますか？

シャーロット（BT）　マッサージなどは、贅沢じゃなくて健康の一部と考えられるようになると思うわ。「必要なもの」と見なす人たちが増えるでしょうね。ストレスとか、パソコンを使う仕事が多くなると、どうしても首が凝ったり頭が痛くなって、マッサージに行きたいという人も増えるでしょう。全面的に賛成はしないけど、アメリカのように、マッサージが生活の重要な部分だと思うようになるかも。アメリカでは、マッサージ・セラピストがいて、週に一度とか月に一度とか定期的に来てもらうようね。それは自分のための時間なのね。その時間はけっして贅沢じゃないのよ。マッサージが効果的だとなれば、そのための時間を確保するわ。

二種類のトリートメント領域がマッサージとして一本化されるのではないかとシャーロットは予想している。確かに身体の異状（首の凝りや頭痛）は仕事が原因だが、マッサージは全般的な意味での健康にも役立つ。こうしてみると、マッサージの定義も変わってくる。もはや贅沢や浪費ではなく、健康的なライフスタイルの必須の一部分と見なされるのだ。

セラピストの側にも、自分たちの知識や専門技術が客の健康作りに役立つという見方がある。

私たちの仕事はボディ・トリートメントだけど、栄養学も勉強しているし、健康増進のための知識は豊富よ。お客様の多くは自宅ではどうしたらいいかお聞きになるし、私たちも家でできる健康作りや、健康的になるにはどうしたらいいか、アドバイスしようとしてるわ。栄養や水分について、それから、身体を動かすことや、有害物質の摂取を避けることなどね。

（アリス　BT）

健康に関係があることは同じでも、慢性的な病気の症状を持つ人と持たない人では、トリートメントの捉え方が異なっている。もちろん、サロンでのトリートメントが健康全般に役立っているという感じ方は、病状緩和のためにサロン通いする女性たちも同様だ。実際、ビューティー　サロンは、生物医学のアプローチにおいて支配的な、精神／身体二元論を超越したトリートメントや診断が行われる場と言えよう。しかしながら、身体に悪いところがある人とそうでない人では、サロン通いの動機が違うのだ。また、健康に関する定義が違うし、健康についての優先項目も異なっている。病気を抱えている人たちの場合は、症状を軽減することで身体の調子がよくなることが重要目的だ。健康になることよりも、痛みや不快感をなくすことを重視する。全体論的な健康観もあるにはあるが、優先事項ではない。たとえば、多発性硬化症の症状改善のためにサロンに通うサンドラは、マニキュアなども好きだ。だが、マニキュアはマッサージのように健康に役立つとは考えていない。むしろ、「心を引き立たせてくれて、気分がよくなる」ためのもの、気持ちを明るくしてくれるものだ。サンドラにとって、最優先事項はあくまで身体症状を緩和することなのである。ブラクスターによれば、慢性的な病気を持ち症状に悩まされている人は、健康とは病気ではないことという否定的な健康観には賛成せず、症状が非常に軽いときには素人健康観でいう「健康」だと思うようだと報告している（Blaxter, 1990）。

対照的に、特に悪いところのない女性は、健康のために投資することで身体的状態を資本化し、身体的資本を蓄えることを重視する（Bourdieu, 1984, 1990）。この意味で、身体は最も広義の意味での健康と関連する社会的要素や文化的要素のマーカーなのである。たとえば、ジョーンの話に出てくるとおり、マッサージは彼女にとって食べ物や飲酒や運動量を調整する身体プログラムの一部なのだ。仕事で責任が重くなったため、心身の健康を大事にして管理しなければ責任を全うできないという状況が、ジョーンの場合は動機になっている。プレッシャーの大きなサービス部門の仕事での昇進は、不安の原因ともなった。

［始めたのは］つい最近なんです。それまでは大勢の中の一人にすぎなかったのに、突然、責任が大きくなって、自分一人でこなさなければならない仕事に変わったの。私がいなければ業務がストップしてしまうんです。

ジョーンの手入れされた、あるいは「鍛えられた」といってもいい身体は、彼女が仕事での成功に役立つ規律正しい慣習行動を受け入れ、自分のものにしていることの現れだ。同時に、彼女が中産階級の異性愛者的女性性という特定の形を習得できたことをも示している。ブラクスターはこの点については掘り下げていないが、このタイプの素人定義は、健康的なライフスタイルという表現で健康を定義した彼女の研究報告に出てくる健康観と類似している。ブラクスターは、この考え方は特に若者の間で明白だという。また、社会的な関係や責任を維持する能力は健康の重要な要素であるという見方は、男性より女性に多いともいう（Blaxter, 1990）。この二点は、今回の調査でもはっきり表れており、サロン通いは健康や幸福という言葉で表現されている。個人の健康に関する責任は、したがって、サロン利用客にとって別のニーズであり、サロンのサービスを受けるためにやりくりする動機となっている。

サロンで健康作り

ビューティー・サロン利用者の健康に対するスタンスから見えてくるのは、前述した医療化説はじっくり眺めるとぼろが出てくるということだ。フーコー派のアプローチは有用な部分もあるが、健康関連の行動のパターン化された性質を説明することはできない。私は、この点については健康的なライフスタイルという切り口から捉え、特定の社会的位置との関係で理解している。身体の商品化が進む今日、身体はアイデンティティや資本をディスプレイする場所であり、それゆえに同時に消費の原動力ともなっている。加えて、マーケティングや広告で、またビジネスでも、特定のイメージを表すためのシンボルとして使用されることが増えている。雇用との関係で指摘したように、男性の身体の商品化が進んでいることは、男性のサロン利用が高まる要因の一つとなっている。ここでは、身体と商品化のつながりを認識することが肝要である。そうすることで、構造的要因全般を論じることが可能となり、さまざまな身体が生み出され、実に多様な切り口から読み解かれるさまを理解できる。本書を通じて私は、入念に、この異なった形で経験される身体を強調してきた。そして、サロン利用の理由は客層によって異なり、サロンの外の世界の社会的関係と結びついていることを強調してきた。健康関連トリートメントも例外ではない。

イギリスでは１９８０年代初め以降、リベラルな自由市場経済について政治論議が活発にかわされてきた。このことは、広く社会一般から個人への責任のシフトをもたらしている（Nettleton, 1997）。本書を執筆している時点で、イギリス政府は喫煙者に対して、禁煙と健康増進に同意する契約への署名を求めることができるようにする案を提出している。契約違反には罰金が科される。慢性心臓病についても、ライフスタイルの変更という個人の責任で管理することが提案されている（Meikle, 2003）。こうした提案への反応は概して否定的だが、このような提案が出されるという事実そのものが、ヘルスケアについては個人の責任という考え方がいかに深く浸透しているかを如実に物語っている。ラプトンによれば、公衆保健政策も、かっては病気の原因として社会階層や社会環境を重視していたが、今日では個々人が自分の健康と幸福に責任を負うという見方に移っている（Lupton, 1994）。これと関連して、新しい「サーベイランス医学」の特徴は、健康は個人の責任であるがリスクは健康な人々のモニタリングを通じて評価するということだ（Armstrong, 1995）。このプロセスはビューティー・サロン利用者がたどったものだが、個々の利用者の身体的状態によって感じ方は異なっている。こうして、慢性的に悪いところがある女性（ある程度の可処分所得に恵まれている場合）は、もはや、公衆保健サービスだけに頼るのではなく、比較的利用しやすい商業ベースのヘルスケアにお金を使っている。特に悪いところがない健康な女性は、予防のためにヘルスケアに投資する。その背景には、健康的な状態は、消費行動全般と結びついているという考え方がある。

サロンでは、プロジェクトとしての身体を重視する傾向は中層階級の客、リヴェジら（1992）の説に従うと中産階級の中の特定の層に強い。このグループに属する女性たちは、全般的な意味での健康増進のための「感情面のトリートメント」を重視する。この意味で、彼女らにとっての健康、そして彼女らの身体についての経験は、彼女らの階級位置というレンズを通したものである。プロジェクトとしての身体へのアプローチは、現代西洋社会では広がりつつあるようだ（Bourdieu, 1984；Featherstone, 1991；Witz, 2000）。フェザーストーンは、この現象を新小市民階級《プチブル》の増加と結びつけている。

> 新小市民階級《プチブル》のハビトゥスに目を向けたときにはっきりするのは、彼らは自分の身体について不安があり、意識過剰なほど常にチェックし注意し矯正していることで、この点、自分の身体に安心感と信頼感を持つブルジョアと好対照をなす。身体を保つためのテクニック、新しいカリフォルニア住民の好むスポーツや、エクササイズ、化粧、ヘルスフードに惹きつけられるが、そこでは身体が手段ではなく、他人へのサインとして扱われている。
>
> （Featherstone, 1991, p. 90）

しかしながら、女性にとって身体は「これまでずっとそうだったとおり、常に」重要な一資本である。身体を手入れすることは、「妥当な」女性らしさを実現するために必要なのだ。スケッグス（1997）が指摘しているとおり、身体は、他種の資本（学歴や資産）が手に入りにくい労働者階級の女性にとっては、投資対象の一つだろう。しかも、投資形態は千差万別だ。サロンに通う女性が身体的資本に投資していることは全員に共通だが、他の役立つ資本に転換している場合もあれば、単に自分の相対的な社会的位置の「上に出る」手段と見ている女性もいるし、また「ふつう」になるための方法と捉えている女性もいる（Skeggs, 1997）。女性性への投資を、制裁を受けずに限定された報酬を手にするための戦略と見るとき、顔の脱毛などの補整トリートメントは重要なものとなる。しかしながら、健康関連トリートメントは、女性性や階級との関係という点で独特である。

健康関連トリートメントの場合、提供される場所が重要である。今回の調査で、白人労働者階級が主な客層のイベットの店では「フィーリングのトリートメント」はほとんど提供されておらず、スタッフは、うちの店に来るお客は直接的な結果が目に見えないトリートメントに少なくない金額を払う気はまったくないと断言した。一方で、中産階級が客層の中心を占めるサロンでは、健康と関連するトリートメントに対するニーズが高かった。こうしてみると、トリートメントは単に費用という面だけでなく、状況《コンテクスト》という面でも、階級との関連があるようだ。たとえば、ピリー（Pirie, 2003）によると、労働者階級の女性は、病院で指圧治療を勧められた場合は応じる確率が高い。病院治療なら費用面で心配がないし、絶対必要とは見なしていない治療を受けに馴染みのないところに出向くという不安も少ない。

こうした傾向を総合すると、健康とのかかわりにおけるライフスタイル観について深く理解できる。これは、消費とディスプレイを基盤としたライフスタイル観である。財力を誇示するための消費も鍛えられた身体を作ることも、ある特定のライフスタイル――社会的位置によって異なる――の中心要素である。健康的なライフスタイルという概念には、健康あるいは病気ではないことだけではなく、健康な状態を保つための責任や身体を動かすことといった、広い概念が含まれる。また、健康のシンボルは、純粋に生物医学的にではなく、むしろ社会的に読み解くことができる。たとえば、食生活に気を配り身体を動かすことを心がけることや、特定の化粧法にこだわることを健康的と見なすことができる。多種多様な行動を「ライフスタイル」という傘の下にひっくるめる場合、言葉の使い方に注意が必要だ。マーケティング用語に振り回されたり、自己創造プロジェクトで用いられるような使い方はしたくない。むしろ、健康について理解するために、商品化された身体を含めた社会的要因を取り込めるような使い方をしたいと思う。

サロンで提供されるサービスを吟味し、それらを正当化する考え方も、サロン通いをはじめる理由と切り離せないし、「セルフビュー」や「ワールドビュー」（またはハビトゥス）とつながっている。これらの概念については第3章で詳しく述べたが、サロン利用の原動力そのものが複雑なプロセスであり、潜在的なサロン利用客は、サロン通いを自分のセルフイメージや個人的信条に「適合《フィット》」する切り口から正当化する必要があるという点を思い出していただきたい。また、サロンに対しては、「自分のような人間」を排除しないところというイメージを持てることも重要だ。ヘルス・トリートメントにはサロン利用の正当化につながる理由が二点ある。はっきりした身体的効果が得られること、および「健康的なライフスタイル」を増進することだ。

以上、ヘルス・トリートメントを目的とするサロン利用はどのように理解できるかについて述べてきた。しかし、ビューティー・セラピストのプロとしての能力において、健康という側面はどのようなものなのだろうか。プロとしての地位を高めるため、セラピストは自分たちの仕事は心身両面をケアすることだという。心も身体も、どちらが欠けても健康とはいえない。同じ業界内でも、専門とする分野によって考え方に一部違いもあるが、共通しているのは、客がきれいになり気分良くなることを重視しているという点だ。

「私たちがしているのは健康な身体をケアすること」——ビューティー・セラピストの職業観

職業の定義は一筋縄ではいかない。定義のための理論的枠組みは多種多様である。この点については第4章で詳しく取り上げた。職業としてのビューティー・セラピーとはいかなるものかについて、ひいては職業の本源とは何かについての詳しい論議は本書の範囲外だが、ビューティー・セラピストの自己の職業観のなかで健康増進スキルがしばしば中心に置かれていることは興味深い。ここでは厳密な定義をするつもりはないが、セラピストが自分の仕事に対してどのように見ているかを理解することには関心がある。

ビューティー・セラピストは、自分の職業的地位が低いことを知っているし、セラピストという職業に対して背反する感情があり、好奇の目で見られていることも気づいている。プロとしての修業を積んでいるにもかかわらず、世間ではきちんと評価されないことも多い。最近では、ビューティー・セラピーの利用人口が増えてビューティー・セラピストの職業イメージも変わってきており、メディアに取り上げられることも増えてきた。客層の広がりには、ビューティー・セラピーとして括られるトリートメントの種類が増えたことと、サロン利用者の増加の二面がある。しかしながら、前にも述べたとおり、業界内には二つの指向があり、「美容」面を強調したい向きと、「セラピスト」を前面に押し出したい向きが混在している。次に掲げるビューティー・セラピーを教えるスーの話は、この不一致をはっきりと物語っている。

個人的には、ビューティー・セラピーという言い方には違和感があります。スタッフとこの点について話したことがあるんですが、うちの学校に来ているビューティー・セラピーのアドバイザー、みんな自分のサロンを持ってる人たちですが、全員、ビューティー・セラピーという名前に固執します。でも、補完療法を学ぶ生徒たち、リフレクソロジーやマッサージ、アロマテラピー、エクササイズの講座を受けている人たちは、「ビューティー・セラピー」という表現はいやがります。自分たちの仕事は「美容」とは違うと思っているので、言い方を変えてくれと言われます。美容関連の職業と思われたくないんですよ。実際、ビューティー・セラピー講座で取り上げてはいますが、内容は全く違うものです。

（スー　BT）

このように考えが割れる原因は、経済面とプロとしての地位という二重の圧力にある。一部には、プロとしての地位向上を図るため、またサービスの内容が外見とはほとんど無関係であることを強調するために、職業名から「美容《ビューティー》」を外すべきだという意見がある。一方で、サロンを訪れる客の大半は「美容《ビューティー》」トリートメントを受けることが目的であり、美容という面をおろそかにするのは無責任だという考えもある。セラピストは多種多様なトリートメントの訓練を受けるが、全員できれば専門分野を持ちたいと思っている。マッサージやアロマテラピーやリフレクソロジーを指向するセラピストは、自分のプロとしての知識や技術は客の全体論的健康意識に貢献していると捉えている。外見よりも、客が気持ちよいと感じることを重視する。一方で、マッサージは「退屈」で疲れると感じるセラピストもいる。

マッサージは好きじゃないわ。退屈なのよ。何にも考える必要がないっていうか……半分眠っているお客さんを相手にあちこちをマッサージするんだけど、一時間も続けるのはとっても退屈するわ。ワックス脱毛なら、お客さんとの会話があって、時間が経つのも早く感じるわね。

（ウェンディ　BT）

マッサージでは、適切な圧力がかかるようにセラピストは全身の力を使うから、長時間のマッサージでは疲れも溜まるだろう。また、客との対話はほとんど交わされず、この点が、「外見を良くするトリートメント」が好きなセラピストに敬遠される理由となっている。というのも、客が気持ちよくなるよう気を配っているものの、トリートメントできれいになることも優先事項だからだ。この違いを端的に表しているのが、客の好みが「フィーリングのトリートメント」と「外見のトリートメント」に二分されることだ。ただし、セラピストは皆、自分の仕事は客の全体的な健康増進に寄与するサービス業だと考えている。外見と感情の区別は、セラピストの専門分野指向や心理的な健康に貢献するトリートメントの種類を評価する場合に重要となる。高度に視覚的な文化においては、外見の良さは健康の一指標である。身体という外見は、内的状態を反映するという考え方がますます強くなっている。ここに、外見トリートメントを受ける客が、終わった後では「顔を上げて」サロンを出られるという精神面の効果を指摘する理由がある。

ビューティー・セラピーの教習課程には、人間の生理学、薬品の使用に関する知識、禁忌症の恐れ、ビジネス理論や会計学などが含まれている。今回インタビューしたセラピストの誰もが、養成訓練、適性、あるいは仕事の種類という点で、自分の仕事を看護師に類すると思っていたことは注目に値する。

ビューティー・セラピストになるには二年間のトレーニングを受けるんです。看護師と同じですね。もちろん医療じゃないし、薬を取り扱う資格が得られるわけじゃないけど、でも理論はたっぷり学習します。履修内容も多いし修了試験もあるわ。つまり、看護師養成と同じくらい厳しいのよ。（カースティ　BT）

インタビューでは、看護師（カースティの場合は医師）になりたかったが果たせなかったと語ったセラピストもいた。カースティは、自分は分野によっては医師に負けない知識を持っていると自負している。

娘の通っている学校には、医療従事者や医師もおおぜいいるんです。それで、自分が知っていることや知らないこと、あるいは持っているべき知識について、そのレベルについて、娘としょっちゅう話をするんですよ。私の知る限り、医師のトレーニングで、皮膚関係は六週間ですね。私たちは医者じゃないし、医者と同じというつもりは全くないわ。それに、私たちの対象は患者さんじゃなくて、健康な人たちよ。でも、皮膚については二年たっぷり勉強するんですよ。（カースティ　BT）

今回の調査に参加してくれたビューティー・セラピストたちには、自分のトレーニングや専門知識は他の医療専門家に類するという意識が非常に明白にうかがえた。特に、プロとしての地位を主張するときに強く表れていた。客が受けるヘルス・トリートメント、特に多発性硬化症（ＭＳ）や反復性ストレス障害症状が緩和されるという面を考慮すると、この意識はきわめて正当であるといえよう。しかしながら、ビューティー・セラピストたちは、自分たちの仕事は「健康な身体を対象とする」という点で、医療とは決定的に違っていることも認識している。この点では、厳密な生物医学的モデルではなく、むしろ良い状態に力点を置いた健康観に沿った考えを持っている。ここには客の素人健康観が反映されている。ビューティー・セラピストのスキルの主眼は、病気に罹った身体の治療ではなく、身体に特に悪いところがない客の健康な状態を保全し増進することにある。

セラピスト自身、自分たちの仕事にはカウンセリングの面があるともいう。心身両面に注目することは素人健康観の重要要素の一つであり、これは、医療専門家、特に公衆保健関係者では対処しきれなくなってきている部分である。ビューティー・セラピストは、客の身体に働きかけるとき、同時に客の情動面にも注意を向ける。どんなトリートメントでも精神的、情動的、身体的健康と関係しており、これらの要素を完全に分離することはできない。カウンセリングという側面は客に対しては便益をもたらすが、セラピストにとっては正負両面の作用がある。店を出るとき客が肩の荷が下りて幸せを感じていることで満足感が得られる一方で、自分自身の心身の健康にとって大きな精神的負担ともなっているのだ。

そうね、来店のたびに私に悩みを打ち明けているお客さんは、全体の80パーセント、もしかするとそれ以上かも……心が軽くなったと感じた方はリピーターになるのよ。自宅でご主人に話してても「またその話か。聞き飽きたよ。もう止めてくれ」と言われるのがおちだけど、私たちは聞いて差し上げるからね。もちろん、お客さんはトリートメントを受けると同時に話を聞いてもらうことで料金を払っているんだけど。たとえば、フェイシャルに40ポンド出しているお客さんなんか、トリートメントを受けている間中、ずっと、最近の嫌な経験のことを私にしゃべってるわ。「何のためにフェイシャル・トリートメントを受けてるのかしら」と思うけど、きっと肩の荷を下ろしているんでしょうね。

（コレット　BT）

このような情動面のケアは、実は両刃の剣である。セラピストにとって、プロとしての地位を主張し仕事の満足感を得る上で重要な要素であるが、同時に、非常に女性的なスキルであり、それゆえに女性ならば「自然に」身に備わっているとも見られてしまう。この側面のケアを強調すると、地位向上のための主張そのものの価値を下げてしまうことになりかねない。

客の身体に働きかけ、心理カウンセリングを提供し、情動面の健康増進につながる親密な関係を結ぶという主張は、保健分野に属するさまざまな職業を網羅する多数の役割を果たしていると主張することである。これは、ビューティー・セラピーの強みの一つだ。しかしながら、セラピストが自分の知識やトレーニングについて自己の限界をわきまえ、状況に応じて他の専門家の意見を求めるように助言することは、ビューティー・セラピーの職業倫理の一つである。ときには、収入逸失につながることもあるだろう。たとえば、カースティは次のような話を披露してくれた。長年の得意客があるとき「非常に調子が悪いように見え」頭痛がすると訴えたが、自分で対処するよりも、医者に診てもらうよう勧めた。この助言は客の気に入らず、

お客さんは気分を害したんです。マッサージで頭痛を軽くするのが仕事でしょ、そのためにお金を払ってるんじゃないのっておっしゃるんです。私は専門家として、トリートメントはしないほうがいいと申し上げたんですけど、お客さんはとても頭に来て……それで、お得意さんを一人なくしちゃったわけ。（カースティ　BT）

この客は、後日、夫の強い勧めで病院に行ったのだが、待合室で昏倒したという。動脈瘤だったのだ。カースティは、ビューティー・セラピストの職業倫理と能力は金銭的利益を凌駕すると言いたかったようだ。しかし、適時に医療専門家の診断を仰ぐよう勧めることは、セラピストの仕事が健康に関わって

いることを強調すると同時に、その専門知識は医療専門家とは違うことを際だたせもする。

医療分野との関係

慢性病の症状を和らげたり痛みを軽くするなどの目的でビューティー・セラピーを受けることについて、医療専門家の反応はさまざまである。生物医学的治療だけでなく多様な治療を患者に提供している開業医もいれば、マッサージやアロマテラピーや各種補完療法の長期的な健康増進作用に懐疑的な専門家もいる。ビューティー・セラピーと各種医療専門分野の関係は、長年の間に変化してきたようだ。変化は今なお続いている。

看護や医療の専門家からはものすごく反対がありましたが、乗り越えてきました。どんどん広まっているマッサージの場合も、最初の頃は理学療法士から強い反対を受けましたが、最近では理学療法は役割が変わってきています。診断の部分が増えたし、機器も多用するようになっていますね。それで、マッサージそのものについてはマッサージ・セラピストの手を借りることが多くなっています。

（エミリー　BT）

医療分野との連携でセラピストの便益のみを強調するのは間違いだろう。セラピストが指摘しているとおり、反対方向の便益もあるからだ。たとえば、保守政権下にあった１９９０年代の初めのイギリスでは、予算管理家庭医制度が設けられた。つまり、家庭医が医療サービスの一定の財源を管理して、患者にとって妥当と見なされる医療行為の契約ができるようになったのである。

彼ら［一般開業医］は、自分の病院でできる行為のなかに、患者が望み、かつ実際に利益につながる行為が非常に多種多様であることを発見したんです。たとえば、ほくろや静脈瘤の手術などですね……その気になれば、「美容」というレッテルが貼られているものには病院でできることが多いってことに気づいたんだと思うわ。そして、ビジネスとして重視して収入を上げようとすれば、現実問題としてビューティー・サロンとのつながりが必要になってくるわけなのよ。なぜって、ふつうの人たちが足を向けるのは病院じゃなくてサロンだもの。

（エミリー　ＢＴ）

予算管理家庭医制度は姿を消したが、サロンとのつながりは今後も効果を上げそうだ。

前にも言ったけど、医療と準医療と美容は、ますます重複するようになると思いますよ。というのは、美容整形に関心のある医療関係者は、サロン経由で客を捕まえられることに気がついてきたから。

（カースティ　ＢＴ）

医師に勧められた客がセラピストの元を訪れることもあるようだが、正式な紹介システムはほとんど確立されていない。ビューティー・セラピストはおおむね医師の紹介を歓迎する。自分たちの職業的地位や健康への貢献が認められたと受け取るのだ。しかしながら、適切性を欠き、好ましくない紹介の例もときたま見受けられる。

二週間ぐらい前のことよ。額に嚢胞《のうほう》のようなものができてるお客さんがいらっしゃって、お医者さんに勧められてきたと言うの。もう、びっくり仰天でしたよ。だって、お医者さんが「ビューティー・セラピストにやってもらえますよ」って言ったというんですもの。私、答えたんです。「私たちにはできませんよ。医療のトレーニングは受けてないんですから。せいぜい、軟性線維腫とか皮膚表面の細い静脈のうねりなんかはできますけど」。お客さんは「でも、医者がセラピストにやってもらえって言ったのよ」って頑固だったけど［笑い］、私、言ったんです、「もう一度、お医者さんに行っていただくほかないんです」。

（アリス　BT）

これは、自分のプロとしての資格と責任の限界をわきまえるという倫理観が、医師の行為によって脅かされた例である。患者を紹介する行為はプロとして正しくないとアリスは受け止めた。彼女が「びっくり仰天した」ことからも、この種のビューティー・セラピーと生物医学の境界線の踏み越えは滅多にないと思われる。また、この二つの専門分野の関係は固まっておらず、ときに摩擦もあるものの、双方ともに自己の適切な役割を理解しているように見受けられる。

一般に、サロンの客は、専門家の紹介ではなく自分の意志で訪れるケースがはるかに多い（Freidson, 1970）。つまり、ビューティー・セラピストのビジネスは、客の素人判断や客の文化的環境（つまり、サロンを利用する可能性）に依存している。口コミが重要な集客手段なのだ。この種のシステムでは、セラピストの専門知識は重要ではあるが、それを上回るのが客との関係である。客は、自分の帰属する文化を背景とした期待を持ってサロンのドアを開け、そして、自分のニーズに適うサービスを要求する。当然ながら、セラピストの職業専門家の部分とサービス業従事者の部分の間に緊張関係が生まれる。横柄な客や専門家としての資格を疑問視する客についてのダイアンの話には、彼女の反応の曖昧さが端的に表れている。

そういうわけで、無礼になってはいけないけど、でも相当にきっぱりと対処する必要があるんです。言いたいこととわかってもらえるかしら？　自分がサービス業で働いてると想像してみてくださいな。あなたならどうします？「このババア、失せろ」って言う？　それとも、本心は隠して客の求めに応じますか？

（ダイアン　BT）

健康増進に貢献する仕事という意識と、利益を上げる必要があるビジネスという意識が、しっくりかみ合わないこともあるようだ。

［トリートメント中に客をどのようにリラックスさせるかについて話した後で］それでね、お客さんはトリートメントに満足なさってるから、いわば、財布の紐を緩めやすい気分になっていて、すんなり買ってもらえるのよ。「それくらいなら出せるわ」って思うみたいね。自宅でも、サロンのトリートメントができるならってね。

（スー　BT）

対照的に、医療専門家は患者に自分を売り込む立場にはない。彼らの知識や専門技術は一般人の目には触れにくいし、患者にとっても馴染みが薄い。この種の専門業界では、素人の認知ではなく同業者が規制要因となる。紹介は正式なもので、患者は医師の専門職業的判断に従うことが多い。

この理由から、ビューティー・セラピストは、この医療専門家とのつながりこそがセラピストの地位向上に貢献しているという事実にもかかわらず、医療専門家のニーズを満たすのではなく客が求めるものを確実に提供しなければならない。ビューティー・セラピストが医療サービスの一部に組み込まれていることもあるが、それは患者の全体的な健康意識の向上に対するセラピストの貢献が認められているためで、セラピストは医療行為を遂行する能力があると医療専門家が認めているからではない。医療専門家の側にはセラピストの能力に対する疑念があるものの、この疑念は、病状改善を目的とする客のサロン通いの妨げとはなっていない。

ビューティー・セラピストはプロとしての地位向上のために、自分の仕事はヘルスケアに寄与しており、医療関係者と良好な関係を持っていることを強調する。

> この業界は医療分野と同歩調をとっているし、そうあるべきだと私は思いますね……私の場合、地域の医師と協力関係にあり、私のお客様のなかには私のトリートメントやアトバイスをきっかけにお医者に行ったという人が大勢いらっしゃいます。お医者さんも、そのことを評価してくれていま す。私と協力関係にあるお医者さんは私を信頼してくれており、お客を紹介してくれます。そういう関係を私たちは必要としているのです。
>
> （カースティ　BT）

だが、これはプロのレトリックの一例とも言えるだろう（Fine, 1996）。近い将来に伝統的な医療機関からセラピストへの**公式な**患者紹介制度が確立する見込みはない。どちらかというと、セラピストが客を医療機関に紹介することになるだろう。

補完療法との関係

ビューティー・セラピストの比較の対象としては、伝統的な医療職よりも補完療法従事者のほうが適切かもしれない。慢性病の場合、生物医学以外の専門家の治療を求める傾向があり、これが補完療法の成長の理由でもある。生物医学の進歩で寿命が伸び、慢性でない病気の治癒率が高まったことも理由の一つだ（Sharma, 1994）。人々は健康に長生きしたいと思うようになった。そして、病気になって伝統的な意味で「治癒」できないとなると、伝統的な医療に対する不信を募らせる。その結果、ビューティー・セラピストなど病気の社会的側面にも注意を向けることができる専門家に頼るようになるのだ。専門家とその客との関係では、信頼感が決定的に重要な基盤でもある。イギリスでは医師やとりわけ看護師に対する信頼は依然として高いが、最近では医療行為を巡るスキャンダルが続発し、信頼の土台が揺らいできた（Allsop and Saks, 2002）。専門家に対する盲目的信頼の薄れは、工業化社会では専門職全般に共通に認められる特徴である（Beck, 1992）。

ビューティー・セラピーも補完療法も、プロとしての地位の主張や生物医学との関係をめぐって類似のジレンマに直面してきた。このジレンマの核心にあるのは、資格や専門技術や知識に対する合法的な主張である。たとえば、イギリスの場合、ホメオセラピー（同種療法）は特定の症状の診断および治療の権限を認めるよう求めているが、他の補完療法はこの点については及び腰である（Cant and Sharma, 1995, 1996）。ホメオセラピー関係者は、専門家プロジェクトを通じて医療専門家に近しい地位の確立に努めており、生物医学との間にも良好な関係が築かれてきている。一方、リフレクソロジー関係者は、独自の専門職倫理や価値観を維持したいと望み、医療への強い関わりを避けてきた。しかしながら、それ以外の補完療法は今のところ、ビューティー・セラピー以上に、医療との密接な関係を歓迎している。この関係が将来的にどの方向に進むかと絡んで、業界内ではサロンのクリニック化の相対的価値を巡って意見が分かれている。

ビューティー・セラピストがどのような地位を得られるかについてだが、せいぜい、プロのセラピストや整骨医、あるいは一部の補完療法専門家など医療関係者の間で比較的認められている専門職程度ではないだろうか。もっとも、専門技術やトレーニングレベルの点では大きな違いがある。ビューティー・セラピストが治療方針の決定に関与する可能性はまずないが、生物医学専門家から特定の治療を任されるようになる可能性はある。今回インタビューしたセラピストたちは、医学の道に挫折したものもいるが、このような関係に満足しているものがほとんどだった。また、客の側も、医学的診断の下った症状についてサロンでトリートメントを受けることを望んで自主的に来店するだろう。この自主的な来店に対して、医療専門家の側からは拒否や不満が出るかもしれないが、医療と美容の双方の要素を含むトリートメント・パッケージという切り口から捉えることもできるだろう。また、サロン通いを、より広い意味での医療分野へのさまざまな承認のレベルという観点から見ることもできる。しかし、ビューティー・セラピーそれ自体を見ると、広い意味での健康や幸福に貢献していると言える。近年の客層の急拡大と業界の急成長も、このビューティー・セラピーの役割という視点から捉えられる。男女を問わず、補完療法を重視し、予防的保健を実践する人が増え、ビューティー・セラピストのプロとしての地位も向上してきた。この結果として、医療専門家や各種補完療法関係者とのつながりがますます重要になってきている。

おおざっぱに「医」という言葉で括られるサービスが非医療機関の舞台で提供されている場、それがサロンである。このことは、サロンで行われるトリートメントに対する見方や、セラピストと客との力関係にも影響を及ぼす。病院では、有資格の保健専門家の立場がきわめて強い。その背後には、一般人は専門的な医療行為について知識を持たないことや、医師の資格、そして医療機関という舞台が作用している。医師といえば権威ある男性医師のイメージがあることも、こうした不平等な力関係に寄与している（Witz, 1992）。しかし、一般社会の舞台で健康関連のトリートメントが実施される場合は、この力関係は安定を失う。ビューティー・サロンでは、客と向き合うのは、医師のような権威ある資格は持たず、女性中心で社会的地位が高いとはいえないサービス産業に従事する女性セラピストである。また、客はサービスに対して金を払う。このこと自体、可処分所得があれば、健康増進のためのトリートメントをサロンで受けられることを意味している。

ビューティー・サロンは健康増進に役立つか？

本書では終始、ビューティー・サロンの世界は、美容という観点からだけでは理解できないという点を力説してきた。サロンという世界に交錯する行為や会話は複雑で曖昧だ。また、ビューティー・セラピーとして提供される内容は実に多種多様である。ビューティー・セラピーという大きな傘の下に入っていることはセラピスト全員が認めるが、実際には多種多様な専門化された分野が肩を寄せ合っている。ここでは、ビューティー・セラピストの仕事のうち健康関連の側面に焦点を当てたが、客はセラピーによって快感を得るという点では、サロンで繰り広げられるあらゆる活動が客の健康に貢献しているとも言える。ビューティー・サロンは、多くの西洋医学（実際、多くの西洋人の考え方）に内在的な心身二元論を超越可能な場所の一つかもしれない。セラピストのサービスによって、客はきれいになり気分がよくなる。一部のセラピーは、身体のトリートメント、心のトリートメントと分類できるかもしれないが、セラピストも客も、すべてのトリートメントは心身両面に働きかけると感じている。

ビューティー・サロン人気の高まり（程度の差はあるが補完療法も同様のことが言える）は、身体作りにお金をかける人の増加、そして同時に医療専門家に対する信頼の低下と結びついている。また、身体作りと切り離せないのが身体の商品化である（Featherstone, 1982）。（「適切な」身体を作ることが優先事項になったとすると、資本主義経済においては、この成長市場を対象とするビジネスが発生するのは理に適っている)。ターナーの説によると、「重要な政治問題も個人的問題もともに身体において問題化され、身体を通じて表明される」現代西洋社会は、「身体的社会(somatic society)」である(Turner, 1996, p. 1)。

本章では、健康という概念でさえもこの全体的な変容という視点に立って理解できること、また、ビューティー・サロンは健康が定義づけられ経験される場所の一つであることを示してきた。もちろん、健康な状態は「健常」とは何かがあって初めて決まるし、どういう状態が健常かは、階級や年齢、ジェンダー、民族、生物的性別《セックス》によって変わってくる。ビューティー・サロンにおけるヘルス・トリートメント投資は、さまざまな社会集団における健康観の広義化や、身体作りに金をかける傾向の象徴であると言えよう。

WHOの定義によれば健康とは心身が健全で社会的に良好な状態であるが、このような状態は目標として現実性を欠くだろう。実際、恒常的にそのような状態を維持している人など想像しにくい。幸せもそうだが、この健康の定義が教えてくれるのは、健康とは追い求める対象、つかの間だけ感じられるもの、往々にして病気になったり不幸のときに追想する過去の状態だということである。むしろ、健康とは生物学、社会関係、そして「ライフスタイル」の間の関係と見るほうがはるかに現実に即した有用な考え方かもしれない。この三つの要素のバランス関係は、社会集団や個人によって違うし、時代によっても変わる。ビューティー・セラピー利用者のサロン通いの理由には、この三つの要素がすべて含まれる。自分の身体への関心が最大の要素という人もいれば、付随的要素にすぎないという人もいる。セラピストがカウンセラーの役割を果たしていることから、社会的関係が育まれる。サロンで幸せな気分になれることで、サロン外での社会関係もうまくいくようになる。トリートメントでリラックスすること、退避の時間が持てること、あるいは望みの身体的状態を得られることは、客のいわゆる社会的健康の増進につながる。身体の商品化が最も顕著に見いだされるのは「ライフスタイル」の領域である。サロン利用客は、単に商業取引としてセラピストのサービスを購入するのではない。経済資本の支出を通じて身体的資本に投資してもいるのだ。また、健康状態に寄与することから、同時に消費プロセスにも関わっている。セラピストも同じく、健康関係の資格を強調したい気持ちと、サービス業従事者という立場、そしてビジネスとして営利追求の必要性の板挟みになっている。客もセラピストも、ビューティー・サロンで行われる活動に意味を見いだすためには、純粋に生物医学的な健康観から離れる必要がある。

第6章 「店を出るときには気分がすっきり」

まとめ

――［ビューティー・サロン利用は］あなたの生活で良いものだと思いますか？

ブリギット　そう思っています。良い気分になれるからかもしれないけど。サロンに通うのは、もしかしたらクリスティー・ブリンクリー［元スーパーモデル］みたいになれるかも……と期待するからじゃないわ。トリートメントの30分はただ目を閉じていればよくて、そして店を出るときには気分がすっきりしている、それが好きなのよ。ちょこっとでも他人にしてもらうって、いいものよ。

たしかに、ビューティー・サロンで過ごした時間は楽しかった。調査の仕事がらみだったから完全にとはいかなかったが、サロンで受けたトリートメントも楽しめた。トリートメントは、すごくリラックスし若返った気分になれたものもあれば、ほとんどばかばかしいものもあった。あるとき、足を台に乗せて仰向けに寝るよう指示された。今まで一度も会ったこともない若い女性が私の脚全体、腿までホットワックスを塗り、数秒後に剥ぎ取った。ひどく痛かったが、その瞬間、美容産業の持つ力の全容がふいにくっきりとした気がした。こんな痛い目に遭うのに、しかも礼儀や慎みという社会ルールを完全に無視しても、それが必要だと私を納得させた力とはいったい何だろう。私、そして何百万という女性にかくも奇妙な状態を受け入れさせることができるのも、たぶん、それが身体の親密さや不確かさと関係する何かだからだろう。

私たちが今日理解している美容産業の歴史は比較的浅い。男も女も着るものや身体に関心を抱いてはきたが、昔は、美容製品や美容サービスのマスマーケットは存在しなかった。アメリカでは、商売気のある女性が内々にサービスを提供していたものがビューティー・サロンの起源となった。特に黒人女性の間では、ビューティー・サロンは地域社会の連帯や政治活動に重要な役割を果たした。美容製品のマスマーケットを登場させた原動力は、都会の密集地の発生と、大規模な製造と流通を可能にした技術の発達であった。道路照明の進化、百貨店の発達、そして映画の隆盛も、美容製品の普及に拍車をかけた。しかしながら、ウォルフ（Wolf, 1990）のいう「美容システム」が登場したのは、つい第二次世界大戦中である。

このように分断された歴史も一因で、サロンの形態は世界各地で実に多種多様であり、そこで繰り広げられる活動も千差万別である。今回の調査で、私は、トリートメントを、ヘルス・トリートメント、美容エステ、日常の身だしなみ、および補整の四種類に分類した。また、セラピストによれば、仕事にはカウンセリングも含まれる。顔の脱毛のためのサロン通いを恥ずかしくて秘密にしているという人もいれば、ヘルスケアの一部としてマッサージを受ける、あるいは居合わせた客同士のおしゃべりが楽しくてマニキュアをしてもらいにサロンに通うという人もいるが、サロン通いが純粋に偶然の産物だという人は皆無だ。初めてサロンに足を踏み入れることになった状況は、サロン利用者の生活の中でサロンでのトリートメントが果たしている役割を理解する上で重要である。サロンに「通い始める」には、身上や経歴、年齢や人生でどういう時期にあるか、さらにハビトゥスが関係してくる。ある特定の歴史的時点におけるある特定の社会の中でジェンダーが「いかなる働きをしているか」も、サロン通いが始まるプロセスに影響を及ぼす。サロン・ユーザーになるには、サロンが「自分のような人間」に相応しい場所であること、そしてサロン通いがワールドビューとセルフビューの双方に整合するものだと感じられることが必須要件だ。この分類は、ブルデューのハビトゥスという概念を踏まえている（Bourdieu, 1990; Crossley, 2001）。ここでは、時間が重要要素である。人生は時間とともに移り、利用できる時間の長さや質は人生のその時々で変わってくるからだ。加えて、女性の人生は数々の義務や重荷に取り巻かれていることを考えれば、「自分のための時間」に対する欲求も理解できる。今回の調査に参加してくれた女性にとって、サロンで過ごす時間は個人の価値観の表明であり、のしかかってくる重圧に対処するための手段であった。また、時間のやりくりに対する考え方も大きく作用している。いわゆる時間の政治経済学は、仕事と人生のバランス、雇用条件がらみのニーズ、そして物心両面での行き届いた育児手当の有無をとりまく大々的で興味深い論議となっている（Southerton et al. 2001 ; Fagan, 2002）。さらに、ストール（2003）が指摘しているとおり、女性は年齢を問わず、自分の楽しみのために時間を使いたいという思いが共通している。サロン利用者の話からは、この個人的ニーズを満たすためのメカニズムが浮かび上がってくる。

いったんサロン通いが始まった後、サロンの利用頻度や内容は妥当さの感覚に左右される。妥当さとは包括的概念で、ジェンダー、階級、人種、性認識などから作り上げられるアイデンティティとかかわっている。また、知識やスキルやパフォーマンスも妥当さを左右する。サロンでは「ベストの自分を引き出す」という言い方がよく使われるが、これは、大量の複雑な知識を包み隠す体のいい表現だ。ビューティー・セラピストは、トリートメントの選択にあたって客に助言するだろうし、製品を薦めもするだろう。マスメディア、テレビのイメージチェンジ番組、広告も、こんなタイプの男性・女性は何を着るべきか、何を買うべきか、ときには何を食べるべきかについて山のような情報を提供する。その上、社会関係も消費パターンや流行の選択に影響する。女性にとって、おとなになる成長プロセスは、自分の外見や女性であることの境界線を守ることを学ぶ過程でもある。

知識は、アイデンティティの身体的性向を作り出すスキルに変容する。洗髪や髪の手入れやヘアスタイリングの方法、クレンジング、モイスチャライジング、トーニングといった肌の手入れの仕方を身につけるには、製品のタイプや組み合わせ方についての知識、それに使用のスキルが必要だ。自分にスキルがないために望みの効果が得られないと感じたサロン・ユーザーは、プロの手を借りる。眉毛の整形や睫毛染め、マニキュア、フェイシャル、それにワックス脱毛は、自宅でもできなくはないが、痛みの少ない方法や失敗を避けるにはスキルが必要なことから、セラピストのプロの技に頼るケースも少なくない。この種のスキルは、セラピストにとって背反的な二面を持っている。重要な収入源なのだが、あまり評価が高くなく、女性なら自然に身に備えているものと見られがちなため、プロとしての地位を主張する根拠にはしにくいのだ。

妥当であるためには、知識やスキルだけでなく、パフォーマンスも重要だ。パフォーマンスは、妥当さの実現にかかわるものであり、ジェンダー・アイデンティティの主要素である。この意味で、パフォーマンスは主意主義的行為というより、意識的な場合は選択、無意識的な場合は性向と見なすべきだろう。常識とされる立ち居振る舞い、しゃべり方、モノの趣味は、すべて、私の用法でのパフォーマンスの要素である。今回の調査で対象としたサロン利用者にとって、サロンで受けるトリートメントは自分が心地よく感じる身体的状態を手に入れるのに役立っている。ブルデューの説にしたがうと、この心地よさは、客観的な社会構造とハビトゥスが調和している場合に生じるものだ。趣味や嗜好は、選択するものと思われているが、実は社会的位置によって選択範囲が制限された結果である。ジェンダー化されたパフォーマンスは、すなわち、女性の占める位置の結果であり、社会的位置と密接につながっている（Bourdieu, 1998, 2001）。妥当さという概念を提唱するにあたって、私はこの密接なつながりという決定論に傾きすぎないよう努めた。そのために、妥当さを知識とスキルとパフォーマンスの三要素に分け、世界各地の多様な社会において妥当さを検証した。特に、サロン空間、エクササイズ空間、仕事空間、私的《プライベート》空間、交友空間、そしてインタビューでは直接的には語られなかった性認識の問題とかかわる「語られない空間」について論じた。

ブルデューの研究は、経験的材料の意味づけには役立つが、ジェンダーの理解をはじめとする概念図式については全面的には同意できないとも述べた。大きな枠組みの中では、サロン通いはすべて身体的資本への投資と理解することも可能だ。女性にとって、身体的資本は、価値が限定されるとはいえ可処分資本である。状況が限られるとはいえ取引対象ともなろう。ただし、教育など他の資本のように報酬は保証されないだろう。身体的資本が認知されず、報いられないままとなるという別の危険もある。それなのに、「許容できる」外見の境を一歩踏み越えると、制裁が加えられるのだ。

女性は、自分の女性性に対するスタンスを、自分自身の人生の特定の位置に照らして調整する。ブルデューは、女性への女性性の押しつけを**象徴的暴力**と称している。彼の見るところでは、それはほとんど感知できないプロセスであり、女性のハビトゥスと女性の社会的位置が一致するときほぼ完全に成功する（Bourdieu, 2001）。しかしながら、サロンで繰り広げられる会話や行為が実にバラバラなことから窺《うかが》えるのは、女性性への投資の内容は女性によって異なるということ、そして女性性そのものは、多種多様な社会制度のなかで作り出されたものだということである。女性はたえず三つの空間を行き来しており、その内部で自分自身の経験や関わり方を巧みに操っている。こうすることで、曖昧さや矛盾や批判を許容する余地が生まれる。「女性性」という語を三つの空間に共通するものと捉える考え方には、批判もあるだろう。

女性性という概念をすべての女性に当てはめることは、伝統的に特定的であった表現を誤用することになる。それは力関係の中で、特定の集団の利害から作り出され、他の集団によって使用されたものであり、それゆえ……すべての女性に当てはめることはできない。（Skeggs, 1997, p. 21）

この意味における女性性は、女性の美容関連の行動について論じるにあたってはまったく場違いだ。歴史や政治とは関わりなく、すべての女性に当てはまる理念など存在しないのだ。私は、女性性という概念を、歴史上の特定の時代の、任意の社会において、「女性」であるとはどういうことかに関わる習慣行動、アイデンティティ、説明との関連で用いてきた。スケッグスはレッテルを貼ることに慎重な点で正しいが、彼女自身その尺度としての使用について述べ、研究で対象とした白人労働者階級の女性について測定してそれを欠いていることを見いだしたと述べている。しかしながら、身体に関する行為の調査においてはときとして、用心に用心を重ねてだが、女性であることと共鳴し合う行為について取り上げることが可能だとも私は述べてきた。その如実な例は、顔が毛深いことである。今回の調査では、顔が毛深いことは男性性の象徴と見なされていた。とはいえ、調査に参加してくれた女性たちはみな、程度の差はあれ、異性愛的な女性性という観念に投資していた。このことは、調査対象者は全員がサロン・ユーザーもしくはサロンで働いているという母集団の性質そのものに表れている。こういう女性たちでさえも、女性性に対するスタンスの核心においては、アンビバレントな感情を抱いていた。この曖昧さを私は、妥当さという概念で括ったのである。

ジェンダー化された身体を作るには膨大な労力を伴う。今回の研究では「自然な」身体という神話を重点項目の一つに取り上げたが、この労力については、プロのビューティー・セラピストによるもの、サロン利用者の毎日の行為、サロン利用者の職場環境におけるビューティー・トリートメントの重要性という切り口から取り組むことができる。ビューティー・セラピストの職業的地位はけっして高くなく、彼らは自分の仕事に付随する負のイメージに気づいている。この負のイメージの原因はいくつかある。ビューティー・セラピストという職種は女性中心の業界で、客層も圧倒的に女性が多い。仕事内容は客の身体に深く関わっており、その関わり方には混同されやすい部分がある。インタビューに応じてくれたセラピストたちは、全員、風俗業と見られないよう用心していた。セラピストの資格についても誤解が多く、正式な養成訓練はほとんどなくて、頭の良いとはいえない「容姿がいいだけの女」と見なされることも少なくない。サービス業の面と営利事業の面が混在しており、報酬や労働条件は全般に劣悪だ。こうした理由から、ビューティー・セラピストたちは、自分の選んだ職業に対して防衛的になり、プロとしての専門技術を強化する必要性を感じている。プロとしての地位を主張するにあたっての中心的問題の一つは、ビューティー・セラピストが持つスキル、および仕事上で最も多用されるスキルが、女性のアイデンティティに内在的なものと見られていることだ。セラピストの仕事にはカウンセリングも含まれるし、プライバシーに直接触れる難しい場面に対処しなければならないこともあるが、こうした側面は心身両面で大きなストレスであると同時に、達成感をもたらしてくれもする。しかしながら、こうした感情面の労力は、特にそれが女性の行為である場合、あまり認められず報われにくい。感情を制御する能力は練習と経験を重ねて習得するスキルだが、養成課程で正面切って取り上げられることは少ない。セラピストも指導者も、この種のスキルは個性や資質によるところが大きいと考えがちで、このため、セラピストという職業全体としても個人としても、難しい立場に立たされることになっているのだ。微妙な対人関係のスキル、直感、相手や自分の感情を制御する能力が女性に固有の性質であるとすると、こうしたスキルを報酬の対象となるプロとしての資格や能力として正式に認知し評価することは難しい。

ビューティー・サロンの重要性を理解する上では、客の職場ライフも重要な要素である。男女を問わず、身だしなみトリートメントは、職場での外見に関する意識が背景にある。身だしなみのための定期的なサロン通いは、職場で受け入れられる外見を手に入れるためであり、出勤前の身繕いの時間短縮が理由の一つになっていることもある。雇用者は、従業員の外見が職場に相応しいものとなるように心を配るようになっている。アドキンス（2001）やウィッツら（2003）によると、こうした傾向は職場の審美化という観点から理解できる。サービス産業では、雇用者は従業員の容姿や振る舞いについて要求するだけでなく、昇進などの形で報酬の対象にするようにもなっており、この点で従業員の身体は雇用者にとって資源であると言える。今回の調査では、従業員の外見に関する規制が最も厳しいのは、仕事で不特定多数の人々と接触する職場であることが明らかになった。また、審美化の議論の鍵となる側面は、特定のパフォーマンスあるいは「性向」（Witz et al. 2003）が、他の要素に比べて報酬の対象となる可能性が大きいということである。この点で、サービス業の女性労働者はビューティー・セラピストと同じようなジレンマを感じている。時間と金をかけ努力を重ねて習得したスキルであるのに、女性の特質と見なされて評価されずに過ぎてしまうのだ。ビューティー・サロンは、サービス産業の従事者が職場で要求される身体を作り出すために利用する場となってきている。アドキンスの説に従うと、男性のサロン利用者は女性利用者に比べて、サロンサービスに対する投資が報いられる可能性が大きい。

ビューティー・セラピーは、最も広義の健康という切り口から理解することもできる。サロン利用者の話では、サロンで受けるトリートメントは二つの重要な面で健康増進に役立っている。第一として、一部の客は、反復性ストレス障害や多発性硬化症の慢性的な病状の緩和を目的として、マッサージ、アロマテラピー、リフレクソロジーなどを利用している。このグループに属するサロン利用者は、病を治すために、医療に加えてセラピーを受けているのだ。この意味で利用されるサロンのトリートメントは、客の身体的健康と密接なつながりを持っている。対照的に、特に病気ではないが全般的な心身の健康増進のために、内容的には大差ないトリートメントを利用する人たちもいる。この第二の意味で利用されるヘルス・トリートメントを理解するには、もっと広い視野に立つ必要がある。ビューティー・トリートメントは「フィーリング」面が重要だという考え方をすると、「外見をよくするためのトリートメント」に付随する悪いイメージが小さくなる。外見は虚栄心や「浅はかさ」と結びつけられがちで、セラピストもサロン利用者もそうした非難を避けることに非常に心を砕いていた。各自の生活においてヘルス・トリートメントはいかなるものかを理解するため、私は、身体的、社会的関係とライフスタイルを結びつけて説明した。つまり、健康的なライフスタイルという概念は、社会の特質や消費慣習を念頭に置いた広義の健康定義とつながっていると捉え、この線に沿って、女性がサロントリートメントを自分のライフスタイルにどのように組み入れているかを述べてきた。ライフスタイルは、食べ物や運動や飲酒、身だしなみや余暇の使い方を左右するからだ。こうした側面は、健康とあまり関係ないように見えるかもしれないが、全体論的健康観では健康の不可分な要素である。この観点に立つと、ビューティー・サロンが健康増進の場であるという主張は当を得たものだと言えよう。

ビューティー・セラピストは、自分の仕事は医療従事者と似ていると表現することでプロとしての地位向上をはかる。今回の調査では、セラピスト全員が、自分たちの受けたトレーニングや習得した人間生理学についての知識のレベルは看護師に匹敵すると語った。一種のプロのレトリックと見ることもできる（Fine, 1996）関連づけだが、生物医学的な狭義の健康観ではなく、全体論的な健康の定義にしたがえば、けっして軽視できないものがある。客もセラピストも異口同音に、サロンのトリートメントは、客の社会的、精神的、肉体的な健康全般に貢献していると語った。医療機関とビューティー・セラピストの間にはきわめて非公式ながら紹介制度の存在が認められる。しかしながら、一部のサロン利用者の話では、医者の側には、サロンのトリートメントに効能があると認めるのを渋る傾向が強い。所定のレベルの経験や教育が必要とされる専門職の活動の一角を担うという点で、ビューティー・セラピストは、生物医学とは距離があるものの、一種の補完療法のセラピストと見なしたほうがいいかもしれない。

ビューティー・サロンは魅力に溢れた大切な空間であり、ますます注目が高まっている。サロン以外の美容産業に関する研究も増えており、詳細なエスノグラフィーと理論解釈のギャップを埋める研究（Furman, 1997；Rooks, 1998；Willett, 2000；Craig, 2002；Gimlin, 2002）は非常に有用だ。この研究はすべて、女性化された身体を再生産する行為と、女性への劣位のアイデンティティの付与の双方に女性が関わっているという中心問題に取り組む必要がある。これらのプロセスが、階級、人種、性認識の異なるさまざまな女性集団にどのように影響するかが、研究の焦点課題だ。しかも、すべての研究は選択と適合性という問題に立ち戻らねばならない。実証的研究に足を踏み入れた研究者は、たちどころに調査対象の人々に親愛感を抱くようになる。報告に感情移入が如実に表れることがあるし、きっと本書も例外ではないだろう。しかし、この自然な親愛感に流されて、研究対象である行動について批判的観点を失ってはならない。人々の日常生活にたち混じることで、しっかりと自分にとって最善の選択をする活動的な個人という見かけが増強される可能性もある。美容整形を受けた人たちの自発性を強調している研究、または化粧が既成のジェンダー・アイデンティティに挑戦する可能性を持つと考えるフェミニストたちの研究を体系的に検証したネグリン（Negrin, 2002）は、とりわけ美容整形を受けた女性に関するキャシー・デイヴィスの研究（Davis, 1995）を批判している。デイヴィスによれば、美容整形を受けるという決定は女性が自分の身体の特徴を自己イメージと適合させるための手段である。すなわち、彼女にとって自分の身体に対する自己疎遠感を終わらせるための可能な手段なのだ。美容整形は自己を解放する行為だというのである。ネグリンの批判は、このデイヴィスの考え方は、女性が自分の身体に不満を抱くようになったそもそもの原因、女性に対する構造的制約を軽視しているというものだ。デイヴィスの強調点は整形を受けた個人の主体的作用性《エージェンシー》にあるので、構造的要因にはあまり関心を払っていない。デイヴィスの解釈は非常に共感を得やすい。特にフェミニストの書き手たちは、自分が取り上げる女性たちに対して主体的作用性と鋭い判断を持っていることを認めようと苦心している。しかしながら、女性のサロン利用について論じる以上、調査対象の女性が述べる自己体験だけに焦点を当てるのはあまりに一面的に過ぎるであろう。女性の体験談を考慮に入れ、かつ、社会学的分析（セラピストと客を快楽を追求する解放された個人として美化することなく、また自分には理解できない社会の力によって押し流される頑迷な人間と見なすこともなく）を適用するのは、曲芸的バランスが必要だ。本書も、なんとかバランスを保てたのであればよいが……。

女性（そして同じく男性も）のサロン利用は、階層社会に内在的な社会経済的不平等の問題を依然残したままである。クレイグ（2002）は、美《ビューティー》は人種差別主義の文化において黒人の身体の価値を強化する目的で政治利用されてきたと指摘している。アメリカの黒人の家庭では、子どもたちに黒い肌は美しいと教える。公民権運動では、黒人種の誇りを高めるため「ブラック・イズ・ビューティフル」がキャッチフレーズになった。黒人女性を対象に美人コンテストが開かれ、黒人女性の身体の美しさが喧伝された。これらは、個人化された保守的な解釈を超えた広い視点から身体的行動を理解できるという一例である。一方で、クレイグは、こうした行動の限界、そして美が特定のジェンダーや階級の階層構造の強化にも利用されることを明らかにした。女性解放主義者たちがミスアメリカ・コンテストに抗議していた1968年、全米有色人地位向上協会（NAACP）は初のミスブラックアメリカ・コンテスト開催に向けて動いていた。ただし、クレイグによれば、きわめて少数ながら、黒人女性の間にもボニー・アレンをはじめミスアメリカ・コンテスト反対の女性がいた。もっともボニー・アレンの態度にはどっちつかずの面があった。女性がモノとして評価の対象とされることには反対だったが、ミスブラックアメリカ・コンテストの主旨である、黒人女性のイメージ向上には賛同していたのだ（Craig, 2002, pp. 4-5）。

ストール（2003）は、アン・サマーズのパーティーに関する研究で、このパーティーには、出席した女性たちがうち解けた雰囲気の中でセックスについて率直になれるという大きな利点があることを見いだしている。同時に、こうした行動が異性愛という規範の強化につながり、同性愛への嫌悪感については黙したままであるという点の指摘も忘れていない。

本書のための調査し執筆している間、しょっちゅう、友人や同僚から、アン・サマーズについて「いいと思うか、悪いと思うか」と聞かれた。これまでの話から、この質問はあまりにも近視眼的で単純すぎ、女性の均質社会性（homosociality）全般、あるいは具体的にアン・サマーズの複雑さを包摂できないことがおわかりいただけると思う。フィールドワークでは日夜パーティー好きの人たちに混じって過ごしたが、彼らの話からも振る舞いからも、パーティーに行くのは何よりも「楽しく笑いたいから」だということがひしひしと伝わってきた。アン・サマーズのパーティーは、「女たちだけで」異性愛の女性であるという単純な事実に楽しみを見いだせる空間なのだ。……パーティーでは、パワーゲームからオーガズム・ビンゴまでさまざまな「ゲーム」が繰り広げられ、女性たちはゲームを心ゆくまで楽しめる。問題は、自分から楽しみたいと望み、ルールを守れることが、楽しめる条件だということだ。これは、異性愛の女性にとっての快楽全般のメタファーとして、実のところけっこう的を射ている。

（Storr, 2003, p. 222）

調査対象を「良い／悪い」と決めつけたくないというストールの考え方は、私も賛成である。ビューティー・サロンは、そのどちらでもあり得るのだ。サロンは確かに、女性（そして男性も）がリフレッシュでき、仲間と交わり、そうすることでサロンの外での生活を少しばかりしのぎやすいものにする場所である。ストールがいうルールを守ることで、快楽あるいは認知されるという副次的効果が得られることもあろう。そして、ルールはすべて盲従できるとは限らないし、うわべはルールを守っているようでも、微妙に違反していることもあるだろう。もちろん、ルールに従っているということがそのように認知されないこともある。なぜなら、そこにはブルデューのいう象徴的暴力——彼の言葉によれば「優しい暴力」(Bourdieu, 2001, p.1) ——が作用しているからだ。つまり、女性が所与《デフォルト》のものとして積極的に追求する女性性は、実は女性に対して押しつけられたものだからだ。ビューティー・サロンの世界では、美《ビューティー》はテーマではなく、審美学的基準に従って判定されることはまったくない。むしろ、審美的シンボルは他のカテゴリーの象徴となっている。それらの価値は、階級、人種、ジェンダー、性認識の観点から読み取られる。ビューティー・サロンでトリートメントを受けることによって達成される妥当なジェンダー・パフォーマンスは、特にリベラル個人主義思想に蔓延する高度に視覚的な文化においては、美と読み解くことも不可能ではないだろう。しかしながら、ビューティー・サロンを、ジェンダー、文化、快楽についての多種多様な経験を生み出す場として理解する方が、ずっと有用ではないだろうか。

●──訳者あとがき

「鏡よ、鏡よ、鏡さん……」世界一の美女になりたいお后でなくても、朝に夜に鏡に向かうこと、髪をとかし化粧水を叩く朝の身支度、出かける前のメーク、寝しなに乳液をすり込む「行為」は、ふつうの女性（男性も増えていますね）の、ふつうの習慣──何の疑いもなくそう考えていました。そして一方では、（著者ポーラ・ブラック自身、自分もずっとそうだったと告白していますが）エステサロンなんてとんでもないことで、美容院で「きれいにしてもらう」ことにも漠然とした気恥ずかしさを感じ、化粧品や美容製品にお金をかけることに後ろめたさを覚え、自分の外見に構い過ぎるのではないかと不安に思っていました。この本に出会うまでは。

女性なら誰もが大なり小なり抱いているこの一種の排反感情〈アンビバレンス〉を、本書『ビューティ・サロンの社会学』（原題 *The Beauty Industry: Gender, Culture, Pleasure*）は、一つの産業としての美容の世界を舞台に、副題の「ジェンダー、文化、快楽」という視点から解きほぐしていきます。ビューティー・サロンのお客がけっして特別な女性たちではないことを、調査で訪れた世界各地の美容院での経験談を通じて明らかにし（第1章）、美容や化粧という行為の時代による変化をビューティー・サロンの誕生と絡めて追いかけます（第2章）。19世紀の美容品は手作りのハンドクリームや「美白」化粧水だったことや、自分の外見＝他人の目に映る自分の姿を気にするようになったのは街灯が普及し良質なガラスが店のウィンドウに使われるようになり写真が発明されてからのこと、さらにまた、ふつうの女性が口紅を塗り男性が整髪料や髭剃りクリームを使うようになったことと二つの世界大戦との関係（戦意高揚策の一つだった）など、興味深い話が展開します（日本でも、天平の美女は豊かな頬を誇り、平安美人の条件は容貌ではなく長い黒髪でした）。

こうして、美容にかかわる習慣や美容という概念についての固定観念を突き崩した後に、著者は、ビューティー・サロンの秘密の扉を開き、お客にとってサロンそして美容とはどんな意味を持っているのか（第3章）、サロンはそこで働く労働者にとってどのような世界なのか（第4章）、現代のビューティー・サロンにはどんな役割や価値を見出すことができるのか（第5章）、各国でのフィールドワークや詳細なインタビュー調査の結果にブルデューをはじめとする社会学理論（各派の理論に独自の修正や変更を加えて）を援用しつつ、鋭利なメスを入れて分析していきます。

理論的分析というと硬くて敬遠したくなりがちですが、それを素人にも興味深い解説、力強く迫る考察にしているのが、随所に挿入されているインタビューからの引用です。20代から70代まで幅広い年齢層の、アングロサクソン、アジア系、カリブ系、アフリカ系にわたり、そして労働者階級からプチブルまで、多様な社会的・文化的・民族的背景を持つイギリスの女性たち（サロン利用客とサロンで働くビューティー・セラピスト双方）の生の声です。女性たちのインタビューには、もちろん、「うんうん、そうなのよ、ほんとにその通り」と深く相づちを打つ場面もあれば、「ふーん、そんなものかしら」とちょっと距離を置きたくなったり、「へえ、そうなの。私とは違うのね」と驚きを禁じ得ないセリフもありますが、理論的説明がすとんと腑に落ちるのも、彼女たちの率直な声の力でしょう。

そして、そうした女性たちの本音を引き出した力の源泉は、著者ポーラ・ブラックの暖かいけれど踏み込みすぎることのない共感と深い理解、本書全体を貫く研究者であると同時に一人の女性としての姿勢といえるでしょう。美容に関する行為や習慣を完全に肯定できないけれどすっぱり止めてしまうこともできない女性にとって、後ろめたさや気恥ずかしさや躊躇いをともないながら不思議な満足感や悦びを味合わせてくれるビューティー・サロンとはいったい何だろう。利用者の数でも市場規模としても一大産業となっている美容産業〈ビューティー・インダストリー〉、医療や心のケアと領域を接し、伝統的な「美容」という言葉では括りきれなくなっているこの世界は、私たち女性にとって（そして、今後ますます男性にとっても）どんな存在なのだろう。ポーラ・ブラックは、白人男性の視点が中心の従来の社会学理論や旧来のフェミニズム理論を彼女のフィールドワークに照らして検証しつつ、提供されるサービスの利用者も、提供する美容業従事者も、女性が圧倒的多数を占める「女性の世界」のヴェールをゆっくりと一枚ずつ剥がしていきます。健康観の変遷を背景にカウンセリングなど「感情労働」の要素を強く持ち、心身両面をターゲットにする新しいサービス業、イメージが先行しがちで誤解や無理解も少なくない美容産業と、そこで働く女性たちのより複雑で興味深い姿が、女性の生活からの見方と理論との双方から浮き彫りにされていきます。

街を歩けば、エステティックサロン、ネイルケア、リフレクソロジー、アロマテラピー、タラソセラピーと、美容と癒しをうたう看板が昔ながらの美容室を圧倒する数で目に入ります。ちょっと心惹かれるけれど私には関係ない……ずっとそう思っていた店の前を通るとき、前よりも歩調がゆるむのを感じます。この本がきっかけとなって「美容」とよりよい関係が築かれ、必要以上に罪悪感を感じないでビューティー・セラピーを受けられるようになる、あるいはすっぱりと「自分には不要」と言えるようになる女性が増えること、ひいては、ジェンダーや身体性、人生のさまざまな選択について、充実した実り豊かな考え方ができる女性（男性も）が増えることを、著者もきっと望んでいると思います。

最後になりましたが、このようなすばらしい本を紹介する機会を与えてくださった新曜社の塩浦暲さん、的確な指摘で一冊の書物に仕上げる作業を先導してくださった第一編集部の堀江利香さんに、心からお礼申し上げます。

２００７年11月

鈴木眞理子

著者紹介

ポーラ・ブラック（Paula Black）

マンチェスター大学，ダービー大学を経て，現在，サセックス大学社会学部准教授。研究の主要な関心は階級，ジェンダー，身体，高等教育。セクシュアリティとツアリズムについての研究にも取り組み，現在，イギリスの高等教育の変化について研究を進めている。質的研究への造詣が深く，これらの方法についても教えている。

訳者紹介

鈴木眞理子（すずき まりこ）

ドイツ語，英語，オランダ語翻訳家。科学技術や環境分野の翻訳に長くかかわる。著訳書に『翻訳ソフトATLASで世界をまわろう！』富士通経営研修所，1996／『みる・わかる・はやいWindows 95』（訳，S. サグマン著）富士通経営研修所，1996／『女の能力，男の能力——性差について科学者が答える』（共訳，D. キムラ著）新曜社，2001／『エリクソンの人生　上・下』（共訳，L. J. フリードマン著）新曜社，2003など。

ビューティー・サロンの社会学
ジェンダー・文化・快楽

初版第1刷発行　2008年2月5日©

著　者　ポーラ・ブラック

訳　者　鈴木眞理子

発行者　塩浦　暲

発行所　株式会社 新曜社

〒101-0051 東京都千代田区神田神保町 2-10
電話(03)3264-4973㈹・Fax(03)3239-2958
e-mail　info@shin-yo-sha.co.jp
URL　http://www.shin-yo-sha.co.jp/

印刷　星野精版印刷　　Printed in Japan
製本　イマヰ製本所
ISBN978-4-7885-1089-0 C1036

人名索引

■マ行

■ヤ行

■ラ行

事項索引

■ま行

■や行

■ら行

■わ行

文　献

Adkins, L. (1995) *Gendendered Work : Sexuality, Family and the Labour Market*, Milton Keynes : Open University Press.

—— (2001) 'Cultural Feminization : "Money, Sex and Power" for Women', *Sings*, 26, 3 : 669–695.

Adkins, L. and Lury, C. (1999) 'The Labour of Identity : Performing Identities, Performing Economies', *Economy and Society*, 28, 4 : 598–614.

—— (2000) 'Making Bodies, Making People, Making Work', in L. McKie and N. Watson (eds.) *Organizing Bodies : Policy, Institution and Work*, Basingstoke : Macmillan.

Allsop, J. and Saks, M. (eds.) (2002) *Regulating the Health Professions*, London : Sage.

Armstrong, D. (1995) 'The Rise of Surveillance Medicine', *Sociology of Health and Illness*, 17, 3 : 393–404.

Averett, S. and Korenman, S. (1995) 'The Economic Reality of *The Beauty Myth*', *The Journal of Human Resources*, 31, 2 : 304–330.

Banim, M., Gillen, K. and Guy, A. (2002) 'Escaping the Everyday? Women's Clothing on Holiday', *Everyday Cultures Working Papers No.6*, Milton Keynes : Open University Press.

Bartky, S. L. (1997) *Femininity and Domination : Studies in the Phenomenology of Oppression*, London : Routledge.

Basow, S. A (1991) 'The Hairless Ideal : Women and their Body Hair', *Psychology of Women Quarterly*, 15 : 83–98.

Beattie, A., Gott, M., Jones, L. and Sidell M. (eds.) (1993) *Health and Wellbeing : A Reader*, Basingstoke : Open University Press and Macmillan.

Beck, U. (1992) *Risk Society : Towards a New Modernity*, London : Sage. [ウルリヒ・ベック，東廉・伊藤美登里訳 (1998)『危険社会：新しい近代への道』法政大学出版局]

Bhavani, K. (1997) 'Women's Studies and its Interconnection with "Race", Ethnicity and Sexuality', in V. Robinson and D. Richardson (eds.) *Introducting Women's Studies* (2nd edn), Basingstoke : Palgrave.

Black, P. (2002) '"Ordinary People Come Through Here" : Locating the Beauty salon in Women' s Lives' , *Feminist Review*, 71 : 2-17.

Black, P. and Sharma, U. (2001) 'Men are Real, Women are "Made Up" : Beauty Therapy and the Construction of Femininity' , *Sociological Review*, 49 : 100-116.

Blaxter, M. (1990) *Health and Lifestyles*, London : Routledge.

Bourdieu, P. (1984) *Distinction : A Social Critique of the Judgement of Taste*, London : Routledge. [ピエール・ブルデュー，石井洋二郎訳（1990）『ディスタンクシオン：社会的判断力批判１』『ディスタンクシオン：社会的判断力批判２』藤原書店]

—— (1990) *The Logic of Practice*, Cambridge : Polity Press. [ピエール・ブルデュー，今村仁司・港道隆訳（2001）新装『実践感覚１』『実践感覚２』みすず書房]

—— (1993) *Sociology in Question*, London : Sage. [ピエール・ブルデュー，田原音和監訳，安田尚他訳（1991）『社会学の社会学』藤原書店]

—— (1998) *Practical Reason : On the theory of Action*, Cambridge : Polity Press. [ピエール・ブルデュー，加藤晴久他訳（2007）『実践理性：行動の理論について』藤原書店]

—— (2001) *Masculine Domination*, Cambridge : Polity Press.

Boyd, R. L. (1996) 'The Great Migration To The North and the Rise of Ethnic Niches for African-American Women in Beauty Culture and Hairdressing, 1910-1920' , *Sociological Focus*, 29, 1 : 33-45.

Brand, P. Z. (ed.) (2000) *Beauty Matters*, Bloomington : Indiana University Press.

Budd, S. and Sharma, U. (eds.) (1994) *The Healing Bond : The Patient-Practitioner Relationship and Therapeutic Responsibility*, London : Routledge.

Butler, J. (1990) *Gender Trouble : Feminism and the Subversion of Identity*, London : Routledge.

—— (1993) *Bodies that Matter : On the Discursive Limits of 'Sex'* , London : Routledge.

—— (1995) 'The Debate Over the Middle Classes' , in T. Butler and M. Savage (eds.) *Social Change and the Middle Classes*, London : UCL Press.

Calnan, M. (1994) '"Lifestyle" and its Social Meaning' , *Advances in Medical Sociology*, 4 : 69-78.

Cant, S. and Calnan, M. (1991) 'On the Margins of the Medical Market-Place? An Exploratory Study of Alternative Practitioners' Perceptions', *Sociology of Health and Illness*, 13 : 34–51.

Cant, S. and Sharma, U. (1995) 'The Reluctant Profession-Homeopathy and the Search for Legitimacy', *Work, Employment and Society*, 9, 4 : 743-762.

—— (1996) 'Demarcation and Transformation Within Homeopathic Knowledge : A Strategy of Professionalization', *Social Science Medicine*, 42, 4 : 579–588.

Chapkis, W. (1986) *Beauty Secrets : Women and Politics of Appearance*, London : The Women's Press.

Cohen, C. B., Stoeltje, B. and Wilk, R. R. (eds.) (1995) *Beauty Queens on the Global Stage : Gender, Contests, and Power*, London : Routledge.

Connell, R. W. (1995) *Masculinities*, Cambridge : Polity Press.

Craig, M. L. (2002) *Ain't I a Beauty Queen? Black women, Beauty, and the Politics of Race*, Oxford : University Press

Craik, J. (1994) *The Face of Fashion : Cultural Studies in Fashion*, London : Routledge.

Crawford, R. (1980) 'Healthism and the Medicalization of Everyday Life', *International Journal of Health Service*, 10, 3 : 365–387.

Crossley, N. (2001) *The Social Body : Habit, Identity and Desire*, London : Sage.

Davies, C. and Rosser, J. (1986) 'Gendered Jobs in the Health Service : A Problem for Labour process Analysis, in D. Knights and H. Wilmott (eds.) *Gender and the Labour Process*, Aldershot : Gower.

Davis, K. (1991) 'Re-making the She Devil : A Critical Look at Feminist Approaches to Beauty', *Hypatia*, 6, 2 : 21–43.

—— (1995) *Reshaping the Female Body : The Dilemma of Cosmetic Surgery*, London : Routledge.

Doane, M. A. (1987) *The Desire to Desire : The Woman's Film of the 1940s*, Basingstoke : Macmillan. [メアリ・アン・ドーン，松田英男監訳 (1994)『欲望への欲望：1940年代の女性映画』勁草書房]

Ehrenreich, B. and Hochschild, A. R. (2003) *Global Woman : Nannies, Maids and Sex Workers in the New Economy*, London : Granta.

Fagan, C. (2002) 'How Many Hours? Work Time Regimes and Preferences in European Countries', in G. Crow and S. Heath (eds.) *Social*

Conceptions of Time : Structure and Process in Work and Everyday Life, Basingsoke : Palgrave.

Featherstone, M. (1982) 'The Body in Consumer Culture', *Theory, Culture and Society*, 1, 2 : 18–33.

—— (1991) *Consumer Culture and Postmodernism*, London : Sage.

Fine, G. (1996) 'Justifying Work : Occupational Rhetorics in Restaurant Kitchens', *Administrative Science Quarterly*, 41 : 90–112.

Fineman, S. (ed.) (1993) *Emotion in Organizations*, London : Sage.

Foucaalt, M. (1990) [1984] *The Care of the Self, The History of Sexuality : Volume Three*, London : Penguin. [ミシェル・フーコー，田村俶訳 (1987)『自己への配慮』新潮社]

—— (1991) [1973] *The Birth of the Clinic : An Archaeology of Medical Perception*, London : Routledge. [ミッシェル・フーコー，神谷美恵子訳 (1969)『臨床医学の誕生』みすず書房]

Freidson, E. (1970) *Profession of Medicine : A Study of the Sociology of Applied Knowledge*, London : University of Chicago Press.

Friedan, B. (1963) *The Feminine Mystique*, Harmondsworth : Penguin. [ベティ・フリーダン，三浦冨美子訳 (1986)『新しい女性の創造』新装版，大和書房]

Furman, F. K. (1997) *Facing the Mirror : Older Women and Beauty Shop Culture*, London : Routledge.

Gates, H. L. and Oliver, T. H. (eds.) (1999) *W. E. B. Du Bois : The Souls of Black Folk*, New York : W. W. Norton.

Gavron, H. (1966) *The Captive Wife : Conficts of Housebound Mothers*, London : Routledge & Kegan Paul. [ハンナ・ギャブロン，尾上孝子訳 (1970)『妻は囚われているか：家庭に縛られた母たちの矛盾』岩波書店]

Gilman, S. L. (1999) *Making the Body Beautiful : A Cultural History of Aesthetic Surgery*, Oxford : Princeton University Press.

Gimlin, D. (1996) 'Pamela's place : Power and Negotiation in the Hair Salon', *Gender and Society*, 10 : 505–526.

—— (2002) *Body Work : Beauty and Self-Image in American Culture*, London : University of California Press.

Grosz, E. (1994) *Volatile Bodies : Toward a Corporeal Feminism*, Bloomington : Indiana University Press.

Guild News (1999) 'Beauty Index 1999', *Journal of the Guild of Professional Beauty Therapists*, January/February.

—— (2001) 'Beauty Index 2001', *Journal of the Guild of Professional Beauty Therapists.*

—— (2002) 'Beauty Index 2003', *journal of the Guild of Professional Beauty Therapists*, December.

Haiken, E (1997) *Venus Envy : A History of Cosmetic Surgery*, London : Johns Hopkins University Press. ［エリザベス・ハイケン，野中邦子訳 (1999)『プラスチック・ビューティー：美容整形の文化史』平凡社］

Hamermesh, D. S. and Biddle, J. E. (1994) 'Beauty and the Labour Market', *The American Economic Review*, 84, 5 : 1174–1194.

Harding, S. (1991) *Whose Science? Whose Knowledge? Thinking From Women's Lives*, Milton Keynes : Open University Press.

Health Education Unit, World Health Organisation (1993) *Lifestyles and Health*, in Beattie *et al., op cit.*

Herzig, R. (1999) 'Removing Roots : "North American Hiroshima Maidens" and the X Ray', *Technology and Culture*, 40, 4 : 723–745.

Hochschild, A. (1983) *The Managed Heart : Commercialization of Human Feeling*, Berkley : University of California Press. ［A. R. ホックシールド，石川准・室伏亜希訳 (2000)『管理される心：感情が商品になるとき』世界思想社］

Holland, J., Ramazanoglu, C., Sharpe, S. and Thomson, R. (1994) 'Power and Desire : The Embodiment of Female Sexuality', *Feminist Review*, 46 : 21–38.

Hollands, R. G. (1995) *Friday Night, Saturday Night : Youth Cultural Identifucation in the Post-Industrial City*, Newcastle : University of Newcastle.

hooks, b. (1982) *Ain't I a Woman : Black Women and Feminism*, London : Pluto Press.

Illich, I. (1975) *Medical Nemesis*, London ; Calder and Boyars. ［イヴァン・イリッチ，金子嗣郎訳 (1998)『脱病院化社会：医療の限界』晶文社］

Jeffries, S. (1997) *The Idea of Prostitution*, Melbourne : Spinfex.

Jenson, J., Hagen, E. and Reddy, C. (1988) *Feminization of the Labour Force : Paradoxes and Promises*, Cambridge : Polity Press.

Katz, C. and Monk, J. (eds.) (1993) *Full Circles : Geographies of Women Over the Life Course*, London : Routledge.

Krais, B. (1993) 'Gender and Symbolic Violence : Female Oppression in the Light of Pierre Bourdieu's Theory of Social Practice', in C. Calhoun,

E. LiPuma and M. Postone (eds.) *Bourdieu : Critical Perspectives*, Cambridge : Polity Press.

Kyle, D. J. and Mahler, H. I. M. (1996) 'The Effects of Hair Color and Cosmetic Use on Perception of a Female's Ability', *Psychology of Women Quarterly*, 20 : 447-455.

Lash, S. and Urry, J. (1994) *Economies of Signs and Space*, London : Sage.

Lawler, S. (1999) '"Getting Out and Getting Away" : Women's Narratives of Class Mobility', *Feminist Review*, 63 : 3-24.

Lawson, H., M. (1999) 'Working on Hair', *Qualitative Sociology*, 22, 3 : 235-257.

Lofland, L. H. (1976) 'The "Thereness" of Women : A Selective Review of Urban Sociology', in M. Millman and R. M. Kanter *Another Voice : Feminist Perspectives on Social Life and Social Science*, New York : Octagon Books.

Lovell, T. (2000) 'Thinking Feminism With and Against Bourdieu', *Feminist Theory*, 1, 1 : 11-32.

Lupton, D. (1994) *Medicine as Culture : Illness, Disease and the Body in Western Societies*, London : Sage.

—— (1995) *The Imperative of Health : Public Health and the Regulated Body*, London : Sage.

—— (1997) 'Foucault and the Medicalisation Critique', in A. Petersen and R. Bunton (eds.) *Foucault, Health and Medicine*, London : Routledge.

Lury, C. (1997) *Consumer Culture*, Cambridge : Polity Press.

MacCannell, D. and MacCannell, J. F. (1987) 'The Beauty System', in N. Armstrong and L. Tannenhouse (eds.) *The Ideology of Conduct : Essays on the Literature and the History of Sexuality*, London : Methuen.

McClintock, A. (1995) *Imperial Leather : Race, Gender and Sexuality in the Colonial Contest*, London : Routledge.

McRobbie, A. (1991) *Feminism and Youth Culture : From Jackie to just Seventeen*, London : Macmillan.

Massey, D. (1984) *Spatial Divisions of Labour : Social Structures and the Geography of Production*, Basingstoke : Macmillan. [ドリーン＝マッシィ，富樫幸一・松橋公治監訳 (2000)『空間的分業：イギリス経済社会のリストラクチャリング』古今書院]

—— (1994) *Space, Place and Gender*, Cambridge : Polity Press.

Mauss, M. (1973) 'Techniques of the Body', *Economy and Society*, 2, 1 :

70-88.

Meikle, J. (2003) 'NHS Tells Patients to Change Lifestyle', *Guardian*, 24 July, p. 9.

Mills, C. W. (1967) [1959] *The Sociological Imagination*, Oxford : Oxford University Press. [ミルズ，鈴木広訳（1995）『社会学的想像力』新装版，紀伊國屋書店]

Moseley, R. and Read, J. (2002) '"Having it Ally": Popular Television (Post-) Feminism', *Feminist Media Studies*, 2, 2 : 231-249.

Mottier, V. (2002) 'Masculine Domination : Gender and Power in Bourdieu's Writings', *Feminist Theory*, 3, 3 : 345-359.

Nava, M. (1998) 'The Cosmopolitanism of Commerce and the Allure of Difference : Selfridges, the Russian Ballet and the Tango', *International Journal of Cultural Studies*, 1, 2 : 163-196.

Negrin, L. (2002) 'Cosmetic Surgery and the Eclipse of Identity', *Body and society*, 8, 4 : 21-42.

Nettleton, S. (1995) *The Sociology of Health and Illness*, Cambridge : Polity Press.

—— (1997) 'Governing the Risky Self : How to Become Healthy, Wealthy and Wise', in P. Petersen and R. Bunton (eds.) *Foucault, Health and Medicine*, London : Routledge.

Newton, T. (1995) *'Managing' Stress : Emotion and Power at Work*, London : Sage.

Offe, C. (1985) *Disorganised Capitalism : Contemporary Transformations of Work Politics*, Cambridge : Polity Press.

Oldenburg, R. and Hummon, D. M. (1991) 'The Great Good Place : Cafes, Coffee Shops, Community Centers, Beauty Parlours, General Stores, Bars, Hangouts, and How They Get You Through The Day', *Social Forces*, 69, 3 : 931.

O'Neill, G. (1993) *A Night Out With The Girls : Women Having a Good Time*, London : The Women's Press.

Oullette, L. (1999) 'Inventing the Cosmo Girl : Class Identity and Girl-style American Dreams', *Media, Culture and Society*, 21, 359-383.

Passerini, L. (1989) 'Women's Personal Narratives : Myths, Experiences and Emotions', in The Personal Narratives Group (eds.) *Interpreting Women's Lives : Feminist Theory and Personal Narratives*, Bloomington : Indiana University Press.

Peiss, K. (1998) *Hope in a Jar : The Making of America' s Beauty Culture*, New York : Metropolitan Books.

Pirie, Z. (2003) 'Impact of Delivering Shiatsu in a General Practice', Unpublished Ph. D. thesis, University of Sheffield.

Radner, H. (1989) '"This Time' s For Me" : Making Up and Feminine Practice', *Cultural Studies*, 3, 3 : 301-322.

Ramazanoglu, C. (ed.) (1993) *Up Against Foucault : Exploration of Some Tensions Between Foucault and Feminism*, London : Routledge.

Rooks, N. L. (1998) *Hair Raising : Beauty, Culture, and African-American Women*, London : Rutgers University Press.

Rose, J. (1983) 'Femininity and its Discontents', *Feminist Review*, 14 : 5-21.

Rose, N. (1999) [1989] *Governing the soul : The Shaping of the Private Self*, London : Free Association Books.

Rosenthal, G. (1992) 'A Biographical Case Study of a Victimizer' s Daughter', *Journal of Narrative and life History*, 2, 2 : 105-127.

Rowbotham, S. (1997) *A Century of Women*, Harmondsworth : Penguin.

Saltonstall, R. (1993) 'Healthy Bodies, Social Bodies : Men' s and Women' s Concepts and Practices of Health in Everyday Life', *Social Science Medicine*, 36, 1 : 7-14.

Savage, M., Barlow, B., Dickens, P. and Fielding, T. (1992) *Property, Bureaucracy and Culture : Middle-Class Formation in Contemporary Britain*, London : Routledge.

Scott-Heron, G. (1989) [1970] 'Brother', *The Revolution Will Not Be Televised*, Bluebird Records, BMG Music International.

Sharma, U. (1994) 'The Equation of Responsibility : Complementary Practitioners and Their Patients', in Budd and Sharma (eds.) *op cit*.

—— (1995) *Complementary Medicine Today : Practitioners and Patients*, London : Routledge.

Sharma, U. and Black, P. (1999) *The Sociology of Pampering : Beauty Therapy as a Form of Work*, Centre for Social Research, University of Derby, Working Papers Series.

—— (2001) 'Look Good Feel Better : Beauty Therapy as Emotional Labour', *Sociology*, 35, 4 : 913-931.

Shields, R. (1990) 'The "System of Pleasure" : Liminality and the Carnivalesque at Brighton', *Theory, Culture and Society*, 7 : 39-72.

Skeggs, B. (2001) 'The Toilet Paper : Femininity, Class and Mis-

recognition', *Women's Studies International Forum*, 24, 3 and 4 : 295-307.

―― (1997) *Formations of Class and Gender : Becoming Respectable*, London : Sage.

Smith, D. (1987) *The Everyday World as Problematic : A Feminist Sociology*, Oxford : Alden Press.

Smith, P. (1992) *The Emotional Labour of Nursing*, Basingstoke : Macmillan. [パム・スミス, 武井麻子他訳 (2000)『感情労働としての看護』ゆみる出版]

Southerton, D., Shove, E. and Warde, A. (2001) ''Harried and Hurried' : Time Shortage and the Co-ordination of Everyday Life', CRIC Discussion Paper 47, Centre for Research on Innovation and Competition, Manchester : University of Manchester and UMIST.

Stacey, J. (1994) *Star Gazing : Hollywood Cinema and Female Spectatorship*, London : Routledge.

―― (1997) 'Untangling Feminist Theory', in D. Richardson and V. Robinson, *op cit.*

Sparke, P. (1995) *As Long as it's Pink : The Sexual Politics of Taste*, London : Pandora. [ペニー・スパーク, 菅靖子・暮沢剛巳・門田園子訳 (2004)『パステルカラーの罠：ジェンダーのデザイン史』法政大学出版局]

Storr, M. (2003) *Latex and Lingerie : Shopping for Pleasure at Ann Summers Parties*, Oxford : Berg.

Synnott, A. (1987) 'Shame and Glory : A Sociology of Hair', *The British Journal of Sociology*, 38, 3 : 381-413.

―― (1990) 'Truth and Goodness, Mirrors and Masks-Part Ⅱ-A Sociology of Beauty and the Face', *British Journal of Sociology*, 41, 1 : 55-76.

―― (1993) *The Body Social : Symbolism, Self and Society*, London : Routledge. [アンソニー・シノット, 高橋勇夫訳 (1997)『ボディ・ソシアル：身体と感覚の社会学』筑摩書房]

Thompson, J. (1998) 'The Politics of Hair in Kathmandu, Nepal', *Asian Journal of Women's Studies*, 4, 1 : 77-129.

Tiggerman, M. and Kenyon, S. J. (1998) 'The Hairless Norm : The Removal of Body Hair in Women', *Sex Roles*, 39, 11/12 : 873-885.

Tomlinson, M. (2003) 'Lifestyle and Social Class', *European Sociological Review*, 19, 1 : 97-111.

Treweek, G. L. (1996) 'Emotion Work, Order, and Emotional Power in Care Assistant Work', in V. James and J. Gabe (eds.) *Health and the*

Sociology of Emotions, Oxford : Blakwell.

Turner, B. (1996) *The Body and Society : Explorations in Social Theory* (2nd edn), London : Sage. [B. S. ターナー，小口信吉他訳 (1999)『身体と文化：身体社会学試論』文化書房博文社]

Tyler, M. and Abbott, P. (1998) 'Chocs Away : Weight Watching in the Contemporary Airline Industry', *Sociology*, 32, 3 : 433-450.

Tyler, M. and Hancock, P. (2001) 'Flight Attendants and the Management of Gendered "Organizational Bodies"', in K. Backett-Milburn and L. McKie (eds.) *Constructing Gendered Bodies*, Basingstoke : Palgrave.

Walkerdine, V. (1997) *Daddy's, Girl : Young Girls and Popular Culture*, London : Routledge.

Webster, M. and Driskell, J. E. (1983) 'Beauty as Status', *American Journal of Sociology*, 89, 1 : 140-165.

Weekes, D. (1997) 'Shades of Blackness : Young Female Constructions of Beauty', in H. S. Mirza (ed.) *Black British Feminism*, London : Routledge.

Wellington, C. A. and Bryson, J. R. (2001) 'At Face Value? Image Consultancy, Emotional Labour and Professional Work', *Sociology*, 35, 4 : 933-946.

Wharton, A. (1993) 'The Affective Consequences of Service Work : Managing Emotions on the Job', *Work and Occupations*, 20 : 205-232.

Willett, J. A. (2000) *Permanent Waves : The Making of the American Beauty Shop*, London : New York University Press.

Winship, J. (1987) *Inside Women's Magazines*, London : Pandora Press.

Witz, A. (1992) *Professions and Patriarchy*, London : Routledge.

—— (2000) 'Whose Body Matters? Feminist Sociology and the Corporeal Turn in Sociology and Feminism', *Body and Society*, 6, 2 : 1-24.

Witz, A., Warhurst, C. and Nickson, D. (2003) 'The Labour of Aesthetics and the Aesthetics of Organization', *Organization*, 10, 1 : 33-54.

Wolf, N. (1990) *The Beauty Myth : How Images of Beauty are Used Against Women*, London : Vintage.

Young, A. (1980) 'The Discourse of Stress and the Reproduction of Conventional Knowledge', *Social Science and Medicine*, 14B : 133-146.

Young, I. (1980) 'Throwing Like a Girl', *Human Studies*, 3 : 137-156.

Zdatny, S. (1993) 'Fashion and Class Struggle : The Case of *Coiffure*', *Social History*, 18, 1 : 53-72.